# 지금, 여기, 명상

# 지금, 여기, 명상

시끄러운 세상 속 가장 고요한 나를 찾는 법

**초 판 1쇄** 2025년 07월 14일

**지은이** 라윤
**펴낸이** 류종렬

**펴낸곳** 미다스북스
**본부장** 임종익
**편집장** 이다경, 김가영
**디자인** 임인영, 윤가희
**책임진행** 안채원, 이예나, 김요섭, 김은진, 이예준

**등록** 2001년 3월 21일 제2001-000040호
**주소** 서울시 마포구 양화로 133 서교타워 711호
**전화** 02) 322-7802~3
**팩스** 02) 6007-1845
**블로그** http://blog.naver.com/midasbooks
**전자주소** midasbooks@hanmail.net
**페이스북** https://www.facebook.com/midasbooks425
**인스타그램** https://www.instagram.com/midasbooks

© 라윤, 미다스북스 2025, *Printed in Korea.*

**ISBN** 979-11-7355-310-3 03810

**값 18,500원**

---

※ 파본은 구입하신 서점에서 교환해드립니다.
※ 이 책에 실린 모든 콘텐츠는 미다스북스가 저작권자와의 계약에 따라 발행한 것이므로 인용하시거나 참고하실 경우 반드시 본사의 허락을 받으셔야 합니다.

**미다스북스**는 다음세대에게 필요한 지혜와 교양을 생각합니다.

# 지금,
# 여기,
# 명상

시끄러운 세상 속
가장 고요한 나를 찾는 법

라윤 지음

미다스북스

**프롤로그**

8　서른, 제로베이스로

# 1부 — 돌이 되고 싶은 순간 —

15　예고 없이 찾아온 손님
21　풀리지 않는 실타래
26　소음으로부터 로그아웃, 나에게 로그인
32　조금 더 큰 나를 만나는 순간
36　내면의 소리에 청진기를 대다
42　몸이 흐르면 마음도 따라 흐른다
48　안녕, 카르마
53　흔들려도, 고요함 속으로

# 2부 — 그래서, 명상이 뭔데? —

62　명상은 생각을 없애는 게 아니다
68　명상, 멍 때리는 것과 뭐가 다를까?
71　명상은 이렇게도, 저렇게도
86　고요함에 닿는 작은 시작들
102　효율만이 정답일까

# 3부 — 존재의 감각을 회복하는 시간

- 113 제로베이스: 투명한 렌즈로 세상을 보다
- 120 자의식의 해체, 세상과의 연결
- 125 Doing에서 Being으로
- 134 제3의 눈: 삶을 꿰뚫어 보는 또 하나의 감각
- 139 여성성과 남성성의 균형을 찾아서
- 143 감정의 패턴을 바꾸는 명상의 힘
- 147 또렷함과 흐림 사이에서

**에필로그**

- 151 더 많은 선택지가 아닌, 더 명확한 나를 위한 선택

**부록**

- 157 차크라로 펼쳐보는 내면의 레이어

## 명상이 필요한 사람들을 위한 체크리스트

지금 당신은 어떤 상태인가요? 다음 중 하나라도 해당된다면, 지금은 명상이 필요한 시기입니다.

☐ 아무것도 하지 않으면 죄책감이 든다.

☐ 머릿속이 복잡한데 정리가 잘되지 않는다.

☐ 설명하기 어려운 감정들이 일상에 영향을 준다.

☐ 자주 멍해지고 의욕이 없다.

☐ 사람들 사이에 있어도 혼자인 것처럼 느껴질 때가 많다.

☐ 내가 왜 이러는지, 나도 내 마음을 잘 모르겠다.

## 명상 입문 가이드

명상을 시작하기 전에 이 마음가짐을 기억해 주세요.

1. 조용히 눈을 감고, 이 순간 아무것도 하지 않아도 괜찮다고 스스로를 허락해 주세요.
2. 명상은 결심이 아닌 연습입니다. 지금 이 자리에서 작게 시작해도 충분합니다.
3. 집중보다는 허용, 비워야 한다는 부담보다는 그대로 있어도 된다는 용기가 필요합니다.
4. 좋은 명상, 나쁜 명상은 없습니다. 떠오르는 모든 생각과 감정을 있는 그대로 수용해 보세요.
5. 당신의 리듬을 존중하세요. 단 1분이라도 충분합니다.

# 서른, 제로 베이스로  　　　　　　　　　　프롤로그

　책은 내게 가장 늦게 온 꿈이었다. 내 이야기가 내 삶을 전혀 모르는 누군가의 마음에 스며들 줄은 상상조차 하지 못했다. 무언가를 이뤄낸 사람만 책을 쓸 수 있다는 편견에 갇혀, 지금까지 써온 것들은 내 폴더 속에 조용히 간직해왔다. 그런데 어느 날부터 내 이야기를 통해 위로와 용기를 얻었다는 사람들이 하나둘 나타나기 시작했다. 파도 한가운데 있을 땐 그저 헤엄치기 바빴지만, 파도가 잦아든 뒤엔 주변을 둘러볼 공간이 생겼다. 그제야 '또 다른 나'들이 보였다. 사연은 달랐지만, 모두가 각자의 '두카(dukkha)'를 품고 자신만의 파도 속을 건너고 있었다.
　이건 무(無)에서 무(無)로의 여정이다. 특별한 사람의 영웅

담이 아닌, 단지 한 시기를 무사히 통과한 사람의 기록이다. 그래서 누군가에겐 내 이야기가 대수롭지 않게 느껴질지도 모른다. 하지만 나는 무너지지 않고 평범한 하루를 살아내는 것만으로도 나 자신을 따뜻하게 바라볼 수 있게 되었다.

갓 스무 살 성인이 되던 순간부터 시작된 나의 암흑기. 신체 나이로는 어른이었지만 온전히 내 발로 서는 법도, 제대로 숨 쉬는 법도 잊은 듯했다. 원인 모를 병이 찾아왔다. 내가 다니던 학교도, 주변 사람들도, 무엇보다 나 자신이 가장 낯설게 느껴졌다. 처음 보는 내 모습과 마주하며 온전히 버틴 시간만 5년, 그리고 5년은 극복하기 위한 시간이었다. 그 과정에서 세포 하나하나가 유리 조각에 찔린 듯 아려왔다. 하지만 그 시간 덕분에 말로 다 담을 수 없는 것들을 얻었다.

충분히 허우적거린 끝에 이제는 소용돌이의 중심에서 벗어났다. 그 여로를 통해 알게 된 건, 삶은 단지 현존하는 것만으로도 충분히 가치 있다는 사실이다. 편안하게 숨을 쉴 수 있고, 바쁜 일상 속에서도 미소 지을 수 있으며, 세상에 다정한 시선을 보낼 여유가 있다면, 그 자체로 이미 괜찮은 삶이다.

이제 나의 이야기를 통해 또 다른 나들에게 구명조끼를 건네고 싶다. 저 깊은 심해 속에서 허우적거리는 이들에게 나의 경험이 조금이나마 위로와 힘이 되길 바라며 시간 여행을 시작해 본다.

1부

# 돌이 되고 싶은 순간

Meditation is not escaping from society,
but coming back to ourselves and seeing what is going on.

명상은 세상으로부터 도망치는 것이 아니라,
지금 자기 자신에게 무슨 일이 일어나고 있는지를 지켜보는 것이다.

_ 틱낫한(Thich Nhat Hanh)

운 좋게도 대학 졸업과 동시에 사회에 첫발을 내디뎠다. 내가 사회의 일원으로 무언가를 해낸다는 사실만으로도 충분히 기뻤다. 돌이켜보면 그때의 나는 방향보다 생존이 우선이었고, 어른 흉내를 내며 세상 속에 버텨내고 있었는지도 모르겠다.

자연스럽게 손에 쥔 건 글쓰기였다. 막연한 창작의 열정으로 예술 대학에 진학했지만, 진짜 예술가들 사이에 있으니 내 좋아함이 시시하게 느껴질 때도 있었다. 전공이었던 영화는 내 본업이 될 수 없겠다는 걸 일찌감치 깨닫고, 그때부터 잡지사와 방송국을 거쳐 어떤 방식으로든 콘텐츠를 만드는 일을 시작했다. 글을 쓰고 말의 결을 만지는 일을 하는 곳은 내가 가장 자연스러워지는 자리였다.

  무엇보다 기억에 남는 건 함께 일하는 사람들과 나눈 대화들이었다. 사람의 내면, 혹은 무언가의 이면에 집중하는 분위기 속에서 나도 모르게 나와 타인의 감정에 자주 귀를 기울이게 됐다. 팀원들과는 서로의 상태를 진심으로 묻고 들으며 정서의 미세한 부분들까지 조심스레 나눴다. 어느 날, 한 동료가 내게 말했다.

  "요즘 따라 돌이 되고 싶어요."

  단순한 농담처럼 들리지 않았다. 감정을 너무 많이 느끼고, 자주 흔들리는 삶에 조금 지쳤다는 고백처럼 느껴졌다. 어떤 마음인지 잘 알 것 같아서 오히려 쉽게 위로의 말이 나오지 않았다. 순간 오래전 기억이 떠올랐다. 나 역시 너무 많은 것들을 느끼느라, 차라리 아무것도 느끼고 싶지 않던 때가 있었다. 그리고 이제는 그 시간을 잘 건너왔다고 말할 수 있다는 사실과 함께 오랜만에 그때의 나를 떠올렸다.

# 예고 없이 찾아온 손님

대학 오리엔테이션 첫날, 우리는 버스를 타고 야유회 장소로 향했다. 쌀쌀한 초봄의 공기, 창밖으로 스치는 풍경, 스피커에서 흘러나오는 음악 소리, 처음 만난 동기들과 함께하는 시간. 어딘가 서툴고 어색하면서도 두근거리는 기억으로 남아 있다. 새로운 사람들과 낯선 곳에서의 첫 페이지. 그날의 나는 아직 이 모든 변화가 내게 어떤 삶의 변곡점을 가져다줄지 전혀 알지 못했다.

그날 밤 학과 전 학년이 한자리에 모였다. 사람 간의 온기 속에서 자연스럽게 술잔이 오갔고, 나 역시 생애 첫 술자리의 어색한 기대감에 이끌려 잔을 들었다. 몇 잔을 넘기지 않았는데, 금세 세상이 빙글빙글 돌기 시작했다. 바닥이 기울어지는 것 같았고 숨이 가빠지면서 의식이 뚝 끊겼다. 정신을 차렸을 때 나는 병원 침대 위에 누워 있었다. 살짝 고개를 돌리니 놀란 얼굴들이 보였다. 여기서 내가 심각하면 진짜 큰일이 되는 것 같아서, 멋쩍게 웃으며 별일 아닌 듯 넘겼다. 그렇게 나의 대학 생활은 첫 단추가 어긋난 듯 시작되었다. 입학 첫날부터 응급실에 실려 간 사건에도, 학교생활에 적응하기도 바빠 내 기억 속에서 금세 잊혀졌다.

그런데 그즈음부터 알 수 없는 피로감과 무기력함이 일상 깊숙이 파고들기 시작했다. 자고 일어나도 개운하지 않았고, 계단을 몇 칸만 올라도 숨이 찼다. 머리는 늘 무겁고 가끔씩 속이 울렁거렸다. 가슴이 이유 없이 두근거리고 얼굴에 열이 올랐다 식었다를 반복했다. 그 모든 변화가 한꺼번에 밀려든 건 아니었다. 정확히 인지하지 못할 정도로 서서히 찾아오더니, 어느 순간 나를 통째로 삼켜버렸다.

그때까지만 해도 나는 이런 증상들이 단순한 컨디션 난조나 긴장 탓이라 여겼다. '대학에 입학하고 생활 패턴이 바뀌었으니 그럴 수도 있지.'라며 스스로를 달래기 바빴다. 병원에 갈 정도는 아니라고, 별일 아닐 거라고 생각하며 버텼다.

하지만 몸은 속일 수 없었다. 여름방학이 다가왔고 나는 친척들을 포함한 대식구가 함께 떠나는 해외여행을 앞두고 있었다. 모두가 비행기표를 손에 쥐고 일정을 구상하기 바빴다. 하지만 출국 전부터 뭔가 이상했다. 소화가 되지 않았고 복통이 잦았다. 거기에 낮은 열이 하루 종일 이어졌다. 무리한 여행 준비 때문일 거라고 생각하며 해열제와 소화제를 챙겨 비행기에 올랐다.

  하지만 비행 내내 속이 불편했고, 호텔에 도착하자마자 침대에 쓰러지듯 눕고 말았다. 평소 감기에도 잘 걸리지 않았던 터라 가족들은 단순한 여행 피로라고 여겼다. 순간 뭔가 이상하다는 걸 직감했다. 입맛도 없고 식사를 하면 구토가 반복되었다. 미열이 전신을 감쌌고, 앉았다 일어나는 것조차 버거웠다. 뜨거운 태양과 습한 공기 아래 몸은 녹아내릴 듯했고, 자연스레 여행의 즐거움을 느낄 겨를은 없었다.

  앓는다는 감각을 난생처음 온몸으로 경험한 시간이었다. 늘 건강했던 내가 그렇게까지 무너질 줄은 몰랐다. 여행 일정이 끝날 즈음엔 제대로 걷는 것조차 힘들었고, 이대로 쓰러져도 이상하지 않을 것 같았다. 모든 걸 참고 넘기려 했던 나는 결국 한국에 도착하자마자 병원을 찾았다. 처음엔 단순한 장염이나 바이러스성 질환쯤으로 생각했다. 하지만 의사는 내 목을 자세히 살펴보더니 조심스럽게 말했다.

"갑상선 기능에 이상이 있는 것 같습니다."

갑상선, 익숙하지 않은 단어였다. 감기처럼 며칠 약을 먹으면 낫는 걸까? 나는 그저 의사의 말에 고개만 끄덕였다. 그러곤 종합 검사를 받았고, 며칠 후 다시 병원에 들렀다. 결과는 예상보다 훨씬 심각했다.

"호르몬 수치가 8 이상으로 나왔습니다. 일반적으로 1 내외가 정상인데…. 치료를 서둘러야 합니다."

도무지 실감 나지 않았다. 나에겐 아무 일도 없는 게 맞잖아. 순간 뭔가 무너져 내리는 기분이었다. 내 몸은 이미 오래전부터 도움을 요청하고 있었는데, 나는 그 신호를 외면하고 있었는지도 모르겠다.

그날부터 하루에 여덟 알의 약을 복용해야 했다. 약국에서 한 달 치 약을 받아 들고 나오던 길, 나는 길모퉁이에 서서 가방을 열어 약 봉투를 다시 꺼내 보았다. 숫자가 찍힌 하얀 약 봉투가 줄지어 나를 바라보고 있었다. 약의 개수만큼 마음도 가라앉았다. 왜 나는 이렇게까지 아프게 된 걸까. 내가 뭘 그렇게 무리했을까.

하지만 나는 여전히 내가 앓고 있는 증상에 대해 너무도 무지했다. 약을 먹으면서도 그저 사람들과 함께하는 게 좋다는 이유로 술자리에 참석했고, 어떨 땐 복용량을 내 마음대로 조절하기도 했다. 나는 밝은 내 모습에 익숙해 있었고, 아프다는 사실이 받아들여지지 않았다. 병이란 단어는 내 세계에 없었다.

그 대가는 혹독했다. 어느 날부터 몸이 뻣뻣하게 굳어가기 시작했고, 손발이 시리고 떨렸다. 조금만 걸어도 다리에 경련이 일어났다. 샤워를 하러 샤워기를 드는데, 몸 깊숙이 얼어붙는 듯한 느낌에 꼼짝없이 서 있었다. 피부도 머리카락도 시들어갔다. 아침에 눈을 떠 세수를 하다 말고 거울을 보면 낯선 얼굴이 있었다. 부은 눈과 생기 잃은 얼굴. 익숙했던 윤곽이 조금씩 무너져 내리고 있었다. 오랜만에 만난 사람들은 나를 한눈에 알아보지 못했다. 그저 속으로 울 수밖에 없었다. 이 모든 변화는 고작 1년 사이에 벌어진 일이었다.

처음 듣는 병명, 처음 겪는 증상, 처음 마주한 낯선 얼굴.

모든 것이 무섭고 혼란스러웠다. 익숙했던 몸과 마음이 동시에 무너져가면서, 나는 처음으로 내게 물었다.

"너, 누구야?"

## 풀리지 않는 실타래

 몸이 무너지자 마음의 실타래도 함께 꼬이기 시작했다. 처음에는 그저 일시적인 피로일 거라 여겼다. 스스로 단단하다고 믿었던 스물한 살의 나는, 몸이 아픈 것쯤은 젊음 하나로 이겨낼 수 있다고 생각했다. 하지만 그건 시작에 불과했다. 갑작스러운 외모 변화가 잇따라 찾아왔고, 외적 변화는 물리적인 고통 이상으로 내 마음에 깊은 균열을 냈다.

 초조하게 빠지는 체중, 유난히 붉어진 얼굴, 붓기와 열감, 끝없이 흐르는 식은땀. 가만히 있어도 심장이 터질 듯 뛰었고, 손이 떨리고 숨이 가빠졌다. 가슴속 어딘가에서 불이 붙은 것처럼 뜨거운 기운이 피를 타고 전신을 휘감았다. 체온과 함께 감정도 동시에 끓어오르는 것만 같았다. 그 열기는 목까지 차올라 숨을 막았다. 하루를 살아내는 것만으로도 녹초가 되었고, 잠을 자도 피로는 풀리지 않았다. 아침에 눈을 뜨면 온몸이 천근만근 무거웠고, 내 몸이 마치 물에 젖은 수건처럼 느껴졌다.

몸의 이상은 어느 순간부터 정신의 균형까지 무너뜨렸다. 감정 기복이 심해지고 사소한 말에 불쑥 짜증이 났다. 이유 없는 불안이 밀려왔고, 가끔은 내가 아닌 또 다른 무언가가 내 안에서 움직이고 있는 기분마저 들었다. 평소 같으면 웃고 넘겼을 말에 울컥했고, 아무 일도 일어나지 않았는데 눈물이 났다. 설명할 수 없는 슬픔과 두려움이 마음 한구석에 어지러운 실처럼 엉켜 있었다.

학교에 가면 모두 전공 이야기, 이성 문제, 진로 고민으로 떠들썩했다. 대화 속에 있어도 내 마음은 다른 곳에 가 있었다. 다른 고민은 사치처럼 느껴졌고, 나에겐 지금을 견디는 일이 전부였다. 수업이 끝나면 곧장 침을 맞으러 한의원으로 향하거나 병원에서 피검사를 받았고, 그마저도 기진맥진한 몸을 이끌고 겨우 다녔다.

그러던 어느 날, 수업 도중 낯선 기운이 스멀스멀 밀려왔다. 여느 때와 다를 것 없는 강의 시간이었다. 교실엔 교수님과 학생들을 포함해 서른 명 남짓 있었고, 특별히 답답하거나 밀폐된 공간도 아니었다. 나는 뒷줄 창가 근처에 조용히 앉아 있었다.

갑자기 공기의 밀도가 급격히 높아진 것처럼 느껴졌다. 모든 소음이 한순간에 나를 향해 들이닥치는 느낌, 심장이 벌렁거리다 못해 가슴을 찢고 나올 듯 쿵쾅거렸다. 귀가 웅웅 울리고, 시야는 어지럽게 흔들렸다. 숨을 쉬려 해도 공기가 폐 깊숙이 들어오지 않았다. 손발이 떨리고 식은땀이 등줄기를 타고 흘렀다. 내가 아닌 것 같았다. 어딘가로 빨려 들어가는 듯한 낯선 감각 속에서 몸을 일으켜 화장실로 도망치듯 뛰었다.

변기 옆에 주저앉아 숨을 몰아쉬며 울음을 터뜨렸다. 이토록 무너진 나를 바라보는 것도, 그런 나를 아무도 모른다는 것도 더없이 서글펐다. 그러면서도 누구에게도 보여주고 싶지 않은 초라한 모습이었다. 그 와중에 119를 부르면 학교에 소문이 날까 두려워 결국 남자 친구에게 전화를 걸었다.

"나, 숨을 못 쉬겠어…."

그렇게 겨우 한고비를 넘겼다. 하지만 그날 이후, 두려움이 나를 잠식해 갔다. 공황 발작이 언제 어디서 다시 시작될지 모른다는 공포가 내 일상을 지배했다. 사람 많은 곳에 가는 것이 두려웠고, 평범한 강의실조차 공포의 공간처럼 느껴졌다. 단지 숨을 쉬는 것, 앉아 있는 것, 누군가를 마주하는 일이 버겁고 두려워졌다.

자연스레 사람들과 감정의 거리는 멀어져갔다. 동기들이 쉬는 시간에 진로 이야기를 나누거나 농담을 주고받는 모습은 나와 전혀 다른 시간 속을 살아가는 사람들처럼 보였다. 혼자만 이질적인 세계에 떨어진 것 같았다.

"나 요즘 상태가 많이 안 좋아."

이 한마디를 꺼낼 수 없었다. 모두가 어떻게 하면 더 매력적으로 보일 수 있을까 분투하는 세상에서 나의 약함을 드러내는 건 자존심이 허락하지 않았다. 어쩌면 공감받을 수 없다는 체념이 먼저였는지도 모르겠다. 그렇게 나는 말하지 못한 마음들을 혼자 삭이며 무너져갔다. 혼자가 된다는 건 생각보다 훨씬 더 외롭고 무서운 일이었다. 또래들과 동떨어진 삶을 산다고 느끼는 만큼, 병을 이겨낼 힘도 점점 사라지는 듯했다. 나는 나 자신에게조차 솔직할 수 없었다.

사실 그전까지 크게 아픈 적이 없었다. 고민이라 해봐야 친구들과 비슷한 일들이었고, 그런 문제들은 대호를 통해 어느 정도 해소할 수 있었다. 그래서 더더욱 말하기 어려웠다. 이 감정과 고통은 나에게 너무 생경했고 버거웠다. 주변에서 누구도 겪어본 적 없는 일처럼 느껴졌고, 그렇기에 어디서부터 어떻게 꺼내야 할지도 몰랐다.

그러던 어느 날, 우연히 나와 비슷한 어려움을 겪은 사람들의 이야기를 접하게 되었다. 설명하기 어려운 증상을 겪었던 사람들이 솔직하게 털어놓은 이야기들을 들으며, 그동안 나만 겪는 일이라 여겼던 고통이 사실은 누구에게나 찾아올 수 있는 보편적인 경험임을 깨달았다.

'이건 나 혼자만 느끼는 감정이 아니구나.'

언제 끝날지 알 수 없는 어둠 속에서 나와 같이 호흡하고 있는 존재들이 있다는 것은 생각보다 훨씬 더 큰 희망이었다. 아직 모든 게 두렵고 막막했지만, 어쩌면 나는 작은 실마리를 따라 한 걸음씩 나아가 볼 수 있을지도 모른다는 희미한 믿음이 피어올랐다.

# 소음으로부터 로그아웃,
# 나에게 로그인

　시간이 지나면서 내가 겪고 있는 게 나만의 불치병이 아닌, 누구나 생애 한 순간쯤 겪을 수 있는 일이라는 걸 알게 됐다. 그런 마음이 오기까지는 더디고 고단했지만, 정서적으로 깊이 연결된 사람들과의 교류는 큰 위안이 되어주었다.

　하지만 그런 연결감 또한 나를 근본적으로 바꾸지는 못했다. 나는 결국 삶을 다시 세우기 위해 조용히 내 안을 들여다보기 시작했다. 약에만 의존하던 생활에서 벗어나, 세상과 조금은 거리를 두며 스스로에게 근원적인 질문을 던졌다. 주변에서는 벌써부터 직업을 갖거나 워킹홀리데이를 떠난다는 소식이 들려왔지만, 내게는 모든 것이 먼 나라 이야기처럼 느껴졌다. 우선 내 몸과 마음을 회복하는 일이 가장 시급했다. 나는 당시 침 치료를 받던 경기도 외곽에서 지내기로 마음먹었다.

도심에서 벗어나 처음 맞이한 밤, 세상과 완전히 단절된 것 같은 기분이 들었다. 그런데 이상하게도 그 적막함이 내게 위로가 됐다. 그 어떤 개입도 없는 고요한 공간 속에서 나는 탄산수처럼 청량한 공기를 들이마시며 잠들었다. 그러던 어느 날, 산책을 나선 내 발걸음이 풍경 소리에 이끌려 산속 작은 절로 향했다. 절에 도착한 순간, 눈앞에 탁 트인 산자락과 조용한 풍경이 펼쳐졌다. 짙은 솔향이 감도는 공기 속에 고요한 적막이 내려앉았다. 아무것도 하지 않고 가만히 서 있었는데, 그 순간 알게 되었다.

'그저 숨 쉬고 있고, 존재하고 있는 것만으로도 온전하구나.'

그곳에서 나는 한 비구니 스님을 만났다. 종교가 있었던 것도 아닌데 그날 나는 처음 보는 스님과 많은 이야기를 나누었다. 그러면서 나조차 인지하지 못한 그간의 속얘기를 털어놓았다. 위로의 말을 은근히 기대했던 나는 스님의 첫마디에 당황할 수밖에 없었다.

"내 몸은 내가 쌓은 업의 결과인 것을."

이른 나이에 병을 마주한 것도 막막했지만, 그 원인이 나 자신에게 있다는 말은 처음엔 받아들이기 어려웠다. 하지만 그 말이 아픈 이유는 정곡을 찔렀기 때문이었다. 불규칙한 수면 패턴, 맛있는 것만 골라 먹는 식습관, 그리고 무엇보다 스스로에 대한 무지와 무심함. 내 몸은 그 모든 것을 충실히 반영하는 거울이었다.

나는 스님의 제안으로 잠시 절에서 머물게 되었다. 하루 일과는 단순하고 규칙적이었다. 편백나무 향이 은은한 방에서 잠을 자고, 법당에 들어가 매일 108배를 했다. 그땐 108배가 어떤 의미인지조차 몰랐지만, 이왕 여기까지 온 거라면 더 깊이 고민하지 않기로 했다. 스님이 시키는 대로 그냥 해보기로 했다. 처음엔 열 번도 버거웠지만, 매일 조금씩 내 몸은 그 수고를 받아들였다. 한배 한배마다 나를 수양하는 마음으로 정성을 들였다.

스님은 내게 '천수경'이라 쓰인 작은 불경을 건네주셨다. 관심을 보이자 스님은 말없이 몇 권의 책을 더 내어주셨다. 우선 모든 뜻을 이해하려 하지 않고, 그저 미약하게나마 소리 내어 천천히 읽어나갔다. 마음을 다잡고 날 것 그대로의 나와 마주한 순간은 그때가 처음이었다. 그리고 내가 매일 했던 일이 명상이었다는 것을 뒤늦게 알게 되었다. 매일 스스로와 마주하는 시간을 가진 후 자애 명상을 조용히 이어갔다.

"나에게 원한이 없기를, 악의가 없기를, 근심이 없기를, 고통이 없기를, 내가 행복하기를 기원합니다."

그다음은 내가 아끼는 사람들을 떠올리며 반복했다. 이어서 스치듯 마주친 사람들, 그리고 끝으로 부정적인 감정이 드는 이들까지 떠올리며 같은 자애를 보냈다. 처음엔 형식처럼 느껴졌지만, 반복될수록 내면의 파동이 온화해지는 걸 느꼈다. 그렇게 나를 비롯해 모든 이에게 따뜻한 사랑을 보낼 수 있는 마음을 키워갔다.

어느 날, 평소처럼 법당에서 내면과 마주하던 중 문득 눈물이 맺혔다. 그리고 이내 걷잡을 수 없이 쏟아졌다. 어떠한 외부 자극도 없었다. 그저 내 마음에서 우러나온 눈물이었다. 그 순간, 내가 내게 조용히 말을 걸었다.

"미안해."

처음으로 마음 깊은 곳에서 나 자신과 화해했다. 온몸이 빛으로 감싸지는 듯한 느낌이었다. 그리고 모든 게 씻겨 내려간 감각을 느꼈다. 그날 이후, 나를 조금 더 깊이 이해하게 되었다. 또 하나 알게 된 사실은, 평온은 외부 환경이 아닌 내 안에 있다는 것이었다. 그곳에 닿기 위해 필요한 건 단 하나, 지금 이 순간을 온전히 알아차리는 감각이었다. 일상을 떠나 머물렀던 시간은 단순한 휴식이 아니었다. 비록 한 달이라는 짧은 시간이었지만 존재의 본질로 돌아가는 과정이었다.

절에서 나와 다시 일상으로 돌아왔을 때, 내 안의 감각은 사뭇 달라져 있었다. 여느 때처럼 내분비내과에 들렀지만 그곳에서 의사 선생님의 밝은 표정을 본 건 5년 만에 처음이었다. 호르몬 수치가 눈에 띄게 좋아져 있었고, 몇 년째 약을 먹어도 나아지지 않던 몸이 조금씩 회복되고 있었다. 그제야 나는 온 마음으로 알게 되었다. 내게 정말로 필요했던 건 약도, 타인의 위로도 아닌, 나를 깊이 돌아볼 수 있는 시간이었다.

세상과 잠시 단절되어 있었지만, 그 고요 속에서 오히려 삶의 본질과 마주할 수 있었다. 그 시간 동안 고요함이 들려준 건 어떤 위로보다 단단한 감각이었다. 지금도 가끔 마음이 복잡해질 때면 그때의 감각을 떠올리며 다시 중심을 잡아본다.

# 조금 더 큰 나를 만나는 순간

절에서 보낸 한 달은 내 인생의 분기점이었다. 몇 년간 약을 꾸준히 복용해도 나아지지 않던 몸이 단 한 달 만에 청정해지고 있다는 느낌이 들었다. 탁한 강물에 맑은 물이 스며들 듯, 조금씩 정화되어 가는 것을 온몸으로 체감했다. 그런데도 마음 한편에 의문이 피어났다. 이름난 병원, 명성 높은 한의원, 심지어 민간요법까지 시도했건만, 왜 절에서의 단순한 생활이 더 큰 변화를 이끌어낸 것일까.

나는 그제야 오랜 시간 내 몸을 신뢰하지 못한 채 외부에만 의존해 문제를 해결하려 했다는 사실을 알게 되었다. 절에서는 처음으로 내 몸과 생활 패턴, 식습관을 낯선 눈으로 들여다볼 수 있었다. 그동안 '왜 나에게만 이런 일이 생기는 걸까?'라는 감정에 사로잡혀 있던 나는, 그 감정에서 한 발짝 물러나 나 자신을 더 큰 시야로 바라보게 되었다. 마치 높은 하늘에서 독수리가 땅을 굽어보듯, 내 삶의 패턴과 감정의 습관을 객관적으로 볼 수 있었다.

더는 타인의 손에 나를 내맡기지 않겠다고 다짐했다. 내 몸의 주인이 되어 스스로를 가장 정성스럽게 돌보기로 마음먹었다. 그 다짐은 몸속 깊은 곳에서 천천히 올라온 내면의 신호였다. 절에서의 규칙적인 생활과 소박한 식사는 나를 위한 작고 단단한 혁명이었다. 불필요한 것들을 걷어내고 나를 정제하며, 처음부터 다시 조율해 나가기 시작했다.

집으로 돌아온 나는 가장 먼저 냉장고부터 비웠다. 무심코 먹어왔던 음식들 속 화학 첨가물과 불필요한 설탕, 나트륨이 내 몸을 갉아 먹고 있었다는 걸 알아차렸다. 대신 제철 식재료, 자연 그대로의 채소와 과일, 견과류로 냉장고를 채웠다. 매일 아침 따뜻한 물 한 잔으로 하루를 여는 작은 의식도 만들었다. 그 사소한 습관 하나에도 나는 나를 아끼는 마음을 담았다. 몸에 들어가는 재료 하나하나가 내 세포를 구성한다는 감각은 단순한 다이어트나 식단 조절과는 전혀 다른 차원의 배려였다.

음식을 먹을 때도 이전과는 다른 태도로 임했다. 허기를 채우는 위한 수단으로, 혹은 즉각적인 감정을 달래기 위한 도피처로 음식을 택했다면, 이제는 식사 시간을 하나의 의식처럼 대했다. 숟가락을 들기 전, 음식을 바라보고 향을 맡으며 감사하는 마음을 품었다.

'이 음식이 내 안에 들어와 나를 구성할 것이다.'

단순한 인식의 변화만으로도 식사 시간은 특별한 치유의 순간이 되었다.

마음의 디톡스도 함께 시작했다. 명상은 집에서도 계속 이어졌다. 바쁜 일상 속에서도 몇 분의 호흡 명상을 통해 감정의 먼지를 하나씩 털어낼 수 있었다. 특히 스님이 선물해 주신 불교 경전을 읽는 시간은 내 안의 불안과 두려움을 잠재우는 데 큰 도움이 되었다.

절에서 얻은 가장 큰 배움은, 삶의 속도는 사람마다 다르다는 걸 깨닫는 순간에 있었다. 그 사실을 받아들이고 나니 타인의 시선도 조금씩 의미를 잃어갔다. 이전까지는 병의 흔적을 감추기에 급급했지만 나의 모든 면을 받아들이자, 세상도 조금씩 달라 보이기 시작했다. 나의 증상은 지금 스치고 있는 일부일 뿐, 더 이상 나를 정의하는 낙인이 아니었다. 그렇게 나는 스스로와 조금씩 화해하고 있었다.

절에서의 한 달은 병을 이겨내는 시간을 넘어 나의 습관 전체를 재설계하는 시간이기도 했다. 내 안에서 무언가가 고장 났다는 사실을 받아들이고, 그것을 고쳐가기 위해 부모처럼 나를 돌보고, 의사처럼 내 상태를 점검하기 시작했다. 몸이 건강해질수록 마음이 정화되었고, 마음이 평온해질수록 몸도 회복되어 갔다. 단순하면서도 가장 본질적인 회복의 법칙이었다.

그 시간이 내게 남긴 것들. 새벽의 공기, 법당 안의 침묵, 편백나무 향으로 가득 찬 방 안의 고요함. 아침에 따뜻한 차 한 모금이 주던 안정감, 법당 마루에 앉아 먼 산을 바라보며 느꼈던 평온. 그 모든 풍경과 감각은 지금도 나를 지탱해 주는 원동력이다. 이제는 내 몸과 마음, 그리고 내 삶의 주인은 나이며, 나를 치유할 수 있는 힘 또한 내 안에 있다는 것을 믿는다.

# 내면의 소리에 청진기를 대다

 오랜만에 친구를 만나면 우리는 흔히 "요즘 어때?"라는 질문으로 안부를 묻는다. 그러나 정작 나 자신에게는 그런 질문을 던져본 적이 있었던가. 매일 해야 할 일과 끝없는 외부 자극 속에서 나는 점점 내 안의 목소리를 놓치고 지냈다. 절에서의 시간은 그 잃어버린 감각을 다시 불러오는 계기가 되었다.

 매일 반복되던 법당의 고요한 시간 속에서 나는 처음으로 내면 깊은 곳에 귀를 기울이기 시작했다. 그동안 거울 속 외모만 들여다보기 바빴을 뿐, 마음속 거울 앞에 정면으로 마주한 적은 없었다. 아무도 없는 법당 한가운데에 조용히 앉아 나 자신에게 물었다.

'지금 네 마음, 어때?'

그 질문이 처음에는 낯설고 어색했지만, 점차 익숙해지면서 나는 내면의 작은 진동에 귀 기울일 수 있게 되었다. 나는 이 마음을 일상 속에서도 이어가고자 했다. 매일 아침 눈을 뜨자마자 가장 먼저 나 자신에게 안부를 물었다. 그리고 좋아하는 노트에 마치 어릴 때 담임 선생님이 알림장을 써주듯 내 감정에 대해 기록해 나갔다. 몇 시에 일어났고, 어떤 기분으로 하루를 시작했는지, 몸의 컨디션은 어땠는지, 어떤 마음인지 하나하나 놓치지 않고 적어보았다.

시중에 나와 있는 다이어리로는 부족해서 나만의 양식을 만들어 사용했다. 그날의 수면 패턴, 식사 내용, 운동 강도, 스트레스 수치, 마지막으로 '날감정'까지 기록했다. 매일 아침 눈을 뜨자마자 감정을 써 내려갔다. "어제보다 조금 덜 피곤함. 왠지 모르게 기분이 가라앉아 있다. 오늘 하루는 조금 더 조심스럽게 보내야겠다." 혹은 "왠지 기분이 좋은 아침. 몸이 가벼운 느낌. 오늘 이 기분 쭉 유지해 보고 싶다." 단 몇 줄의 문장일지라도 그것들은 내 마음의 미세한 떨림을 포착해 주는 청진기 역할을 했다.

이러한 기록은 단순한 관찰을 넘어, 나를 이해하고 변화시키는 힘이 되었다. 예를 들어, 며칠간 기분이 가라앉아 있다가 특정 음식이나 날씨 혹은 사람과의 관계로 인해 감정이 바뀌었다는 것을 확인했을 때, 나는 내 감정의 기원을 더 명확히 알 수 있었다. 그렇게 감정의 흐름을 따라가다 보면, 내 마음이 어떤 환경에서 안정되고 불안해지는지 스스로 파악할 수 있었다.

 한 번은 이런 기록이 내게 경고를 주기도 했다. 평소보다 부정적인 감정이 일주일 이상 지속되었고, 소화 장애와 불면이 따라왔다. 이전 같았으면 무심히 지나쳤을 수도 있는 신호였지만, 습관적인 글쓰기를 통해 패턴을 확인한 나는 즉시 생활 습관을 점검하고 휴식 시간을 늘리기로 했다. 작은 대응이었지만 내 상태를 회복시키는 중요한 전환점이 되었다.

 기록은 단순한 숫자나 단어의 나열이 아니었다. 날감정 쓰기는 나와의 대화였고, 나를 돌보는 방식의 하나였다. 나는 점점 더 나의 감정과 몸 상태를 민감하게 감지할 수 있게 되었고, 그에 따라 삶의 리듬도 자연스럽게 조율되었다. 어떤 날은 스스로에게 이런 말을 적어주기도 했다.

"오늘은 조금 느려도 괜찮아. 최선을 다하고 있는 걸 알아."

어떤 날은 이런 기록들이 타인이 건네는 위로와는 또 다른 울림을 주었다. 외부의 칭찬이나 격려는 잠깐의 만족은 줄 수 있지만, 스스로에게서 오는 인정과 수용은 훨씬 깊은 곳에서 나를 바꾸기 시작했다. 그러면서 스스로에게 떳떳하게 살고 싶다는 마음이 들었다. 그렇게 하나둘 좋은 습관이 쌓여갔고, 예전엔 무심히 흘려보냈던 사소한 부분들까지 조금씩 돌보게 되었다.

이렇게 스스로에게 청진기를 대고, 내면의 소리를 듣는 시간이 쌓여가자 삶의 많은 부분이 달라졌다. 가장 큰 변화는 외부 자극이 더 이상 나를 규정하지 않게 된 것이다. 예민함이 무뎌진 건 아니다. 대신 나 자신이 중심을 잡고 있기 때문에 흔들림에 영향을 덜 받게 된 것이다.

나 자신을 돌보는 방식은 점점 더 정교해졌다. 식사할 때도, 운동할 때도, 감정이 올라올 때도, 한 걸음 더 깊이 들여다보며 '지금 나의 몸은 어떤 신호를 보내고 있을까?'라고 묻는 습관이 생겼다. 때로는 눈을 감고 가슴 위에 손을 얹은 채로, 그저 숨을 쉬며 '괜찮아, 지금 이대로도 괜찮아.'라고 스스로에게 말해주곤 했다.

  이 모든 일들은 단순해 보이지만 삶을 근본적으로 전환시켜주는 커다란 열쇠였다. 매일의 기록이 쌓이며 몸과 마음의 건강은 물론, 삶의 방향성까지 또렷해졌다. 나 자신을 향한 정성스러운 관심이야말로 어떤 약보다 강력한 치유의 힘이 되어주었다.

> **명상 팁 박스**
>
> **복잡한 생각과 감정을 털어내는 날감정 쓰기 명상**
>
> 지금 이 순간 머릿속이 복잡하거나 마음이 정리되지 않는다면 작은 노트와 펜 하나를 꺼내봅니다. 누군가에게 보여주기 위한 글이 아닌, 그저 내 안에서 맴도는 감정과 생각을 날 것 그대로 흘려보내는 시간을 가져봅니다.
>
> 어떤 문장으로 시작해도 괜찮습니다. "지금 좀 답답하다.", "계속 생각이 끊이지 않는다.", "이유는 모르겠지만 속이 막막하다." 그 어떤 말이든 괜찮습니다. 두서없이 써 내려가도 좋습니다. 중요한 건 정돈이 아니라 '흘려보냄'입니다. 멈추고 싶을 때 멈춰도 좋고, 몇 줄만 써도 충분합니다. 아무 생각 없이 날 것 그대로 써 내려간 글 한 줄이 때로는 나를 가장 솔직하게 안아주는 순간을 만들어줍니다.

Q. 지금 떠오르는 감정을 한 단어로 적어볼 수 있을까요?

_____

한 문장으로 표현한다면 어떤 말이 될까요?

_____

# 몸이 흐르면 마음도 따라 흐른다

　인간도 생물학적으로 동물에 속한다. '동물(動物)'이라는 한자어를 분석해 보면 그 본질이 분명해진다. 움직일 '동(動)'과 사물 할 때 '물(物)'의 조합. 즉, 동물이란 본래 '움직이는 존재'를 의미한다. 움직임은 동물의 본질적인 속성이며, 생명을 유지하고 환경과 상호작용하기 위해 필수적이다. 인간 또한 이 정의에서 벗어날 수 없다. 움직임은 단순한 신체 활동을 넘어 삶의 근본적인 에너지를 생성하고 순환시키는 행위다.

　움직임은 단순한 신체 활동을 넘어선 본능이자, 생존을 위한 필수 조건이다. 자연 속 모든 생명체는 서로 간의 에너지를 공명하며 살아간다. 내 몸의 에너지가 고갈되어 나의 배터리가 0에 가까워질 때, 우리는 낮은 에너지와 공명하게 된다. 이는 마치 낮은 파장이 비슷한 주파수를 끌어당기듯, 무기력하고 의지가 약해질수록 부정적인 환경이나 사람에게 더 쉽게 끌리는 것과 같은 원리다. 내가 무기력할수록 남에게 의존하고 싶은 마음이 커지는 이유도 이와 같다.

삶이 어렵고 일이 잘 풀리지 않을 때, 충분히 슬퍼하고 애도하는 시간은 필요하다. 하지만 그 시간을 충분히 보냈다면 반드시 움직여야 한다. 슬픔에 잠식된 채로 멈춰 있기보다는 몸을 움직이며 새로운 활력을 되찾아야만 한다. 내 몸이 활력을 되찾으면, 그에 맞는 것들이 마치 선물처럼 찾아온다. 에너지의 순환이 원활할 때, 비로소 우리는 삶의 흐름 속에서 더 나은 방향으로 나아갈 수 있다.

절에서 지내던 어느 날, 법당에서 명상을 하던 중 갑작스레 눈물이 흘렀다. 이유를 알 수 없는 감정들이 씻겨 내려갔다. 누가 위로한 것도, 슬픈 기억이 떠오른 것도 아니었다. 그저 가만히 앉아 숨을 들이쉬고 내쉬는 가운데, 마음속 깊이 숨어 있던 어떤 감정의 무게가 녹아내렸다. 그리고 나는 명상이 단순히 마음을 차분하게 만드는 수련이 아니라 깊은 정화의 시작이라는 것을 직감했다.

현실로 돌아온 후에도 명상을 일상에 들이기로 했다. 처음엔 10분도 버티기 어려웠다. 눈을 감는 순간 머릿속은 온갖 생각으로 가득 찼고, 무언가 해야 할 것만 같은 조급함이 마음을 휘저었다. 명상은 아무것도 하지 않는 것처럼 보이지만, 사실은 내면의 고요를 유지하기 위한 가장 강력한 훈련이었다. 시간을 정해놓고 꾸준히 앉아 있다 보니 어느새 생각을 바라보는 여유가 생기기 시작했다.

 명상 중 떠오르는 감정들은 마치 얽혀 있는 실타래 같았다. 불안, 외로움 같은 감정들이 하나둘 고개를 들었고, 처음엔 당황스러웠지만 점점 그 감정들을 억누르지 않고 있는 그대로 바라보는 연습을 했다.

 '아, 내가 지금 불안을 느끼는구나.'

 '이건 외로움에서 오는 감정이었구나.'

 단순한 알아차림이 감정의 파도를 가라앉히는 시작이 되었다.

 명상은 내게 있는 그대로를 보는 힘을 길러주었다. 이전까지 어떤 상황이 생기면 반사적으로 판단하고 감정적으로 반응했지만, 이제는 잠시 숨을 고르고 상황을 바라볼 수 있게 되었다. 이 작은 차이가 내 삶 전체의 리듬을 바꾸었다. 명상은 나 자신과의 관계를 회복하게 했고, 그 회복은 다시 외부의 관계에도 긍정적인 영향을 주었다. 스스로를 단전 깊숙이 존중하자, 타인의 존재도 있는 그대로 존중할 수 있게 되었다. 그 변화는 관계의 결을 부드럽게 바꿔놓았다.

또, 절에서의 108배는 단순한 종교적 수행을 넘어서 내 몸의 회복을 이끄는 실질적인 첫 운동이 되어주었다. 처음에는 다섯 번만 해도 무릎이 아팠지만, 시간이 흐를수록 몸이 가볍고 단단해지는 것을 느꼈다. 숨을 들이마시고 내쉬며 108배를 하는 과정에서 나는 내 호흡과 몸의 흐름을 하나로 연결할 수 있었다. 그 경험은 이후 또 다른 운동들로 자연스럽게 이어졌다.

절에서의 생활을 마치고 돌아온 나는 본격적으로 필라테스를 시작했다. 처음에는 몸이 너무 약해 무리하지 않으려 했다. 하지만 필라테스는 내 상태에 맞춰 조절할 수 있는 운동이었고, 덕분에 점차 자신감을 회복할 수 있었다. 근력이 생기자 피로감이 줄었고, 심지어 병원에서도 갑상선 호르몬 수치가 서서히 회복되고 있다는 진단을 받았다.

필라테스는 단순한 신체 단련을 넘어, 내 몸과 마음을 연결해 주는 다리가 되어주었다. 운동 중에는 내 자세, 호흡, 감각에 더욱 집중하게 되었고, '지금 이 순간'에 머무는 훈련과도 통했다. 몸을 움직이며 느끼는 감각 하나하나가 내 삶의 회복력으로 전환되는 경험이었다.

몸이 변화하자 마음도 변했다. 이전에는 아픈 내 몸에 서운해하고 실망했지만, 점차 고마움과 애정이 생겼다. 내 몸은 내가 살아가는 집이라는 사실을 나는 필라테스를 하며 진심으로 체감하게 되었다. 하루하루 쌓이는 작은 근육은 단지 물리적인 것이 아니라, 나를 지탱하는 또 하나의 마음의 힘이 되었다.

시간이 지나자 나는 요가와 TRX 등으로 활동 범위를 넓혀갔다. 신기하게도 외부 환경이나 날씨, 분위기보다도 내 안의 에너지가 내 하루를 결정지었다. 에너지가 충만할 때는 기분 좋은 감정이 자연스레 따라왔고, 몸이 가라앉는 날엔 내면의 조용한 돌봄이 필요하다는 신호로 받아들였다.

몸을 움직이는 것은 단순히 체력을 기르기 위한 행위가 아니었다. 그것은 내 삶의 의지를 회복하는 과정이었고, 다시 살아가겠다는 다짐이었다. 나는 나의 몸을 통해 다시 삶과 연결되고 있었다. 조용히 앉아서 하는 명상은 내 마음의 고요를 회복시켜 주었고, 움직임은 내 삶의 동력을 되살려주었다. 그것들이 맞물리자 나는 더 이상 병은 물론, 어떤 것에 휘둘리는 존재가 아니었다. 나는 내 삶의 흐름을 인지하고 조절할 수 있는 주체가 되었다.

명상이 내 몸을 직접 치유한 것은 아니었다. 하지만 잘 자고, 잘 먹고, 잘 쉬는 순간들 사이사이, 그 미세한 틈을 비추는 일이 가능해진 건 마음챙김 덕분이었다. 그리고 그 시작점에 명상이 있었다.

이제는 매일 아침 명상으로 고요히 하루를 열고, 내 몸에 맞는 속도로 움직이며 하루를 다듬는다. 내게 맞는 리듬, 내 안의 속도, 내 호흡의 깊이를 존중하며 살아가고 있다. 그리고 이 작은 루틴들이 모여 예상치 못한 큰 힘을 내었다. 정화는 거창한 변화가 아니다. 고요한 숨과 조용한 움직임, 그리고 스스로를 향한 따뜻한 관심. 이 작은 정성들이 모여 내 몸과 마음 그리고 삶 전체를 정화시켰다.

## 안녕, 카르마

 대학 시절, 갑작스러운 몸의 이상으로 병원을 찾았고 갑상선 기능 항진증이라는 진단을 받았다. 호르몬의 변화는 내 삶의 균형을 단숨에 뒤흔들었다. 처음엔 금세 나아질 거라고 믿었다. 하지만 그 믿음은 시간이 지날수록 무너졌다. 매달 병원 문을 열고 들어갈 때마다 익숙해진 건 내 발걸음뿐이었다. 의사는 늘 같은 말만 반복했다.

 "이렇게 수치가 안 잡히는 경우는 드문데…. 갑상선을 떼어내는 수술을 고려해 보는 게 좋겠습니다."

 돌이켜보면 그 진단은 지금의 나를 만든 첫 번째 문턱이었고, 내 삶의 가장 집요한 스승이 되었다.

 5년이라는 시간 동안 나는 약을 바꿨고, 식습관을 바꿨고,

무언가에 기대려 애썼다. 그런데도 내 몸은 좀처럼 돌아올 기미를 보이지 않았다. 그즈음 나는 우연히 절에서 한 달간 지낼 수 있는 기회를 얻게 되었다. 엉켜버린 삶의 실타래를 잠시 내려놓고 싶었다. 나는 그곳에서 명상을 통해 처음으로 나를 깊이 들여다보게 되었다.

절에서 돌아온 뒤 내 삶은 조금씩 달라지기 시작했다. 무언가를 고치려 하기보다 내 안에 있는 것부터 다시 세워나가기로 했다. 명상으로 하루를 여는 습관부터 식사도, 잠도, 일상도 정성스럽게 살아내고자 했다. 치유는 거창한 일이 아니었다. 그저 매일의 삶을 온전히 사는 것이었다. 그렇게 100일쯤 지났을까.

"수치가 정상입니다."

병원에서 그 말을 듣던 순간, 마음속 어딘가에서 오래 잠들어 있던 자물쇠 하나가 탁 하고 풀리는 소리가 들리는 듯했다. 내 몸이 병들었던 건 단지 호르몬 수치 때문만은 아니라는 걸 알 수 있었다. 내 몸에서 보내는 신호를 무시하고 살아온 대가였다. 갑상선은 내게 보낸 마지막 신호였고, 나는 그 신호를 통해 삶을 되돌아볼 수 있었다.

치유는 외부에서 오는 것이 아니라, 내 안에서부터 출발하는 것이었다. 어떤 병도, 상처도, 그것을 이겨낼 힘은 결국 내 안에 있었다. 삶이 자꾸 엇나가고 문제가 반복될 때, 나는 이제 문제보다 먼저 내 에너지를 점검한다.

"요즘 나는 충분한 잠을 자고 있나?"

"지금 내가 먹는 것이 나를 살리는 것들인가?"

"내 몸과 마음의 주인으로 살아가고 있는가?"

이 단순한 질문들이 복잡했던 삶의 매듭을 하나씩 풀어주었다. 내가 정화되자 나를 둘러싼 사람들과 환경에도 서서히 변화의 기운이 퍼져갔고, 삶은 도미노처럼 흘러가기 시작했다.

몸을 돌보고, 마음을 다스리고, 내면을 맑게 하는 모든 과정은 단지 치유가 아닌, 나의 삶을 주체적으로 살아가기 위한 시작이었다. 그리고 그 시작은 생각보다 작고 조용한 데 있었다. 따뜻한 물 한 잔, 깊은숨 한 번, 나를 들여다보는 짧은 시간이었다. 나는 이제 어떤 문제에 봉착하면 내게 묻는다.

"지금 나는 나와 연결되어 있는가?"

몸과 마음의 연결이 다시 회복될 때 나는 어떤 고통도, 어떤 카르마(습관의 굴레)도 흘려보낼 수 있다. 삶을 변화시키는 것은 대단한 결심이 아니라, 작은 결심을 이어가는 작은 태도였다. 그 태도가 오늘도 나를 살리고 있다. 안녕, 카르마.

> **명상 팁 박스**
>
> ### 내 몸을 따라 흐르는 움직임 명상
>
> 먼저, 발바닥을 바닥에 고르게 붙이고 차렷 자세로 서 줍니다. 발은 주먹 하나 정도 간격으로 벌려 주세요. 앞꿈치와 뒤꿈치가 나란히 평행한지도 살짝 확인해 봅니다. 턱을 가볍게 당겨 정면을 바라봅니다. 손바닥이 내 몸통을 향하도록 팔은 옆으로 자연스럽게 둡니다. 손끝에 약간의 긴장을 유지하며 어깨가 귀에서 멀어지도록 가볍게 내려 놓습니다.
>
> 이 상태에서 숨을 한 번 들이쉬고, 내쉬면서 고개를 천천히 끄덕여 봅니다. 척추의 맨 위 경추부터 한 마디씩 천천히 아래로 굴려보세요. 등, 허리, 골반을 한 마디씩 분절하듯, 자연스레 몸통을 아래로 내려 보냅니다. 무릎은 살짝 구부러져도 괜찮습니다. 몸이 자연스럽게 흘러가도록 허용해 주세요.
>
> 시선이 내 정강이에 위치했다면, 그곳에서 한 번 숨을 크게 들이마시고 다시 내쉬면서 아래 척추부터 천천히 다시 펼쳐 올립니다. 꼬리뼈, 허리, 등, 어깨 그리고 맨 마지막에 고개까지. 한 마디씩 정성스럽게

탑을 쌓듯이 세워 올려보세요. 이 흐름을 천천히 3~5회 반복합니다. 움직임의 정확함보다는 미세한 감각 변화에 집중해 봅니다. 지금 내 몸이 허락하는 만큼의 움직임이 나를 향한 가장 진실한 배려입니다.

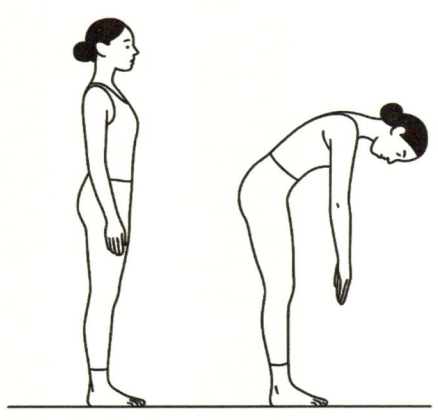

**Q. 지금 이 순간, 내 몸의 어느 부분이 가장 막혀 있다고 느껴지나요?**

_____

**그 막힘에 말을 건넨다면, 어떤 감정이 숨어 있을까요?**

_____

## 흔들려도, 고요함 속으로

 

나는 어릴 때부터 민감한 편이었다. 바스락거리는 소리에도 쉽게 잠들지 못했고, 동화책을 읽어주는 목소리에 겨우 안정을 찾았다고 한다. 음식을 먹을 때 들어간 재료를 나도 모르게 척척 맞추고, 찻잎 향만으로도 제조 과정을 짚어낼 정도였다. 새로운 공간에 들어서면 공기 중의 미묘한 흐름까지 감지되었고, 그러한 섬세함은 종종 나를 지치게 하곤 했다.

어느 날 친구와 함께 미술 전시를 보러 갔다. 한 작품 앞에서 갑작스럽게 마음이 무거워져 그 자리를 피해 한참을 멍하니 서 있었다. 뒤늦게 알게 된 건, 그 작품이 전쟁 상황을 표현했다는 것이었다. 추상적인 이미지였지만 핏자국과 죽음의 기운을 무의식적으로 온몸으로 받아들였던 것 같다. 설명을 듣고 나서야 압도적인 느낌의 이유를 비로소 이해할 수 있었다.

민감함, 즉 오감이 발달했다는 것은 분명히 큰 장점이다. 작은 자극에도 풍부하게 반응하며 깊은 감동과 행복을 느낀다. 사소한 일에도 마음이 크게 움직이고 여운이 오래 남는다. 그러나 한편으로는 내면에 밀려드는 감각들이 너무 복잡하고 빠를 때, 그것들을 어떻게 다뤄야 할지 몰라 당황했던 순간도 많았다. 주변의 소리, 색, 온도, 분위기에 쉽게 반응했지만, 그 안에서 일어나는 다층적인 느낌들을 어떻게 마주해야 할지는 몰랐다. 다양한 자극이 한꺼번에 몰려오면 나는 그 안에서 균형을 잃고, 감정의 파도에 휩쓸리듯 피하고 싶어졌다. 내 안에는 그것들을 정리하거나 머무를 여백이 좀처럼 없었다.

내면의 신호에 예민했던 나는 겉으로는 무던한 척 지내곤 했다. 좋은 게 좋은 거라는 미덕 속에서 많은 인상과 반응들을 괜찮다는 말로 눌러두는 데 익숙해졌다. 성인이 되고 나서야 왜 나는 그토록 평범한 일상 속에서 자주 불편함을 느꼈는지, 왜 당연하다고 여겨지는 것들이 내게는 그렇게 낯설게 느껴졌는지를 돌아보게 되었다.

복잡한 감정의 장면 앞에서 나는 때때로 멈춰 있었다. 긍정적인 느낌은 나를 스며들 듯 감쌌고, 이름 붙이기 어려운 감각들은 금세 나를 압도했다. 그것들을 어떻게 받아들이고 흘려보내야 할지 몰랐던 나는 조용히 방전되어 가는 듯한 느낌을 받곤 했다. 그 무렵 나는 내 안의 이러한 반응들이 단순한 감정조절 미숙이 아니라, 'HSP(Highly Sensitive Person)'라는 기질과 관련이 있음을 알게 되었다. 이해하지 못했던 지난 시간들이 조금씩 맥락을 가지기 시작했다.

명상은 내 감각과 감정을 새롭게 바라보게 된 계기가 되었다. 처음에는 마음을 진정시키고 싶어 시작했지만, 점차 내게 찾아오는 자극과 감정들을 억누르지 않고 조심스럽게 바라보는 연습이 되었다. 이제는 감정이 올라와도 그것에 휩쓸리지 않도록 한 걸음 물러서 바라본다. 불편함이 다가와도 나를 해치지 않도록 내 안에 약간의 거리를 두는 연습을 하게 되었다. 그렇게 숨을 고르고 나면 다시 나로 돌아올 수 있다는 믿음이 생겼다.

나의 이야기가 세상의 소리에 조금 더 민감한 센서를 가진 이들에게 작은 위로와 도움이 되길 바란다. 감정은 지나가는 파도이며 내가 머물 집이 아니다. 우리가 느끼고 흘려보낼 수 있는 것이며, 우리를 정의하거나 지배하는 존재가 아니다.

2부

# 그래서, 명상이 뭔데?

You are the sky. Everything else – it's just the weather.

당신은 하늘이고, 나머지는 그저 날씨일 뿐이에요.

_페마 초드론(Pema Chödrön)

우리는 모두 각자의 삶에서 보이지 않는 짐, 불교에서 말하는 '두카(dukkha)'를 안고 살아가는 존재다. 두카는 고통, 불만족, 괴로움을 의미하며, 불교에서는 태어나는 순간부터 인간은 두카를 마주할 운명을 가진다고 말한다. 태어남 자체가 하나의 고통이라니, 처음엔 이 말이 너무도 낯설게 느껴졌다. 하지만 살아가면서 크고 작은 고통을 겪을 때마다 이 말이 인간 존재의 본질을 정확히 꿰뚫고 있다는 사실을 깨닫게 됐다.

두카는 사라지는 것이 아니라 매 순간 마주하고 이해해야 할 존재다. 우리는 그것을 억누르거나 외면하려 들지만, 진정한 치유는 두카를 정면으로 바라보는 데서 시작된다. 여기서 명상이 등장한다. 명상은 두카를 없애려는 기술이 아니라, 두카와 나 사이의 관계를 새롭게 맺는 연습이다. 즉, 명상은 우리 삶에서 불가피한 괴로움을 '잘 다루는 법'을 가르쳐준다.

명상은 어떤 특별한 사람만의 수행이 아니다. 화려한 수행복이나 깊은 산속에서의 고요한 시간만이 명상을 가능하게 하는 것은 아니다. 오히려 명상은 아주 사적인 순간, 일상의 틈새에서 조용히 나를 마주하는 데서 시작된다. 나의 내면을 들여다보고, 지금 이 순간의 감정과 생각, 몸의 상태를 있는 그대로 알아차리는 것. 그 단순한 알아차림이 바로 명상의 첫걸음이다.

나 역시 처음엔 명상이 너무 어려운 것처럼 느껴졌다. 생각을 비워야 한다는 강박, 제대로 하지 못하면 실패한다는 부담, 특정한 방식과 자세에 얽매여 좌절했던 기억이 있다. 하지만 점차 알게 되었다. 명상은 '잘해야 하는 것'이 아니라 그저 '있는 그대로 머무르는 것'이다.

명상을 통해 나의 패턴이 바뀌기 시작했다. 늘 무의식적으로 반응하던 감정과 행동들에 잠시 멈추는 틈이 생겼고, 그

틈 사이로 새로운 가능성이 스며들었다. 무언가를 억누르거나 고치려 애쓰기보다, '아, 내가 지금 이런 상태구나.' 하고 인정하는 순간들이 잦아졌다. 그리고 그 인정이 곧 나를 다독이는 위로가 되어주었다.

명상을 매일 실천하면서 놀라운 변화가 일어났다. 처음엔 마음의 변화만 있었지만, 시간이 지나며 습관부터 몸의 상태까지도 조금씩 정화됐다. 그렇게 명상은 내 삶의 전환점이 되어주었다.

명상, 어렵지 않다. 간단하게, 가볍게 시작해 보면 된다. 처음엔 단 1분, 눈을 감고 숨결에 집중해 보는 것으로도 충분하다. 그 1분이 쌓이면 그 안에 담긴 평온이 하루를 바꾸고, 그 하루가 당신의 인생을 조금씩 바꿔놓을지도 모른다.

## 명상은 생각을 없애는 게 아니다

"명상은 생각을 없애는 거 아니야?" 나도 처음엔 그렇게 믿었다. 머릿속을 텅 비우고, 아무 생각도 하지 않는 경지에 이르러야만 명상을 잘하는 거라고 생각했다. 하지만 그건 명상에 대한 가장 흔하고도 집요한 오해 중 하나였다. 오히려 그러한 생각 때문에 명상이 멀게 느껴지고, '나는 왜 이게 안 되지?', '내 머릿속은 왜 이렇게 산만하지?'라는 좌절감을 느끼기 쉬웠다. 본질을 더 깊이 알고 싶어 반야심경과 니까야 등 경전과 MBSR 프로그램을 통해 마음챙김과 명상을 공부하고 연습했다.

명상은 생각을 없애는 훈련이 아니다. 명상은 떠오르는 생각을 억누르지 않되, 그 생각에 휩쓸리지 않도록 하는 연습이다. '아, 지금 이런 생각이 떠오르는구나.', '이런 감정이 올라오는구나.' 하고 알아차리는 것이다. 그 알아차림 자체가 명상의 핵심이다. 생각이 있어도 괜찮고, 감정이 요동쳐도 괜찮다. 다만 그것을 '나'라고 동일시하지 않고 한 발짝 떨어져서 바라보는 것이다.

거리가 생기는 순간, 마음은 한결 더 가벼워진다. 우리는 종종 생각이나 감정이 곧 '나'라고 믿는다. 그래서 그 생각이 불안하면 나도 불안해지고, 감정이 슬프면 세상이 무너지는 것처럼 느껴진다. 하지만 명상을 하면서 알게 되었다. 생각은 그저 떠오른 생각이고, 감정은 말 그대로 그저 감정일 뿐이라는 것을 말이다. 떠오르는 건 구름처럼 흘러가는 일시적인 현상이다. 나는 그걸 알아차릴 수 있는 자리에 존재할 뿐이다.

실제로 이런 경험이 있었다. 명상을 시작하고 얼마 되지 않아, 하루는 앉아 있는 내내 이런저런 생각들이 쏟아져 나왔다. '왜 이렇게 집중이 안 되지?', '오늘 회의에서 한 말, 너무 후회돼.', '내일 일정이 뭐였더라?' 생각은 꼬리를 물고 이어졌고, 처음에는 그것들에 휩쓸렸다. 그러다 문득 이런 생각이 들었다. '이렇게 생각이 많은 상태 자체를 그냥 있는 그대로 바라보자.' 그렇게 마음을 먹고 나서야 비로소 생각이 잦아들었다. 사라진 것이 아니라, 더 이상 나를 흔들지 못하게 된 것이다.

명상은 어떤 신비로운 세계로 가는 문이 아니다. 우리가 명상에서 기대하는 어떤 '초월적 체험' – 예를 들면, 무념무상, 의식의 확장, 깨달음 같은 것들은 대부분 부차적으로 따라오는 현상이다. 그것들이 꼭 일어나야만 하는 것도 아니고, 일어나지 않는다고 해서 명상이 실패한 것도 아니다. 진짜 명상의 힘은 오히려 가장 평범한 순간에 일상적인 마음을 있는 그대로 받아들이는 데 있다.

많은 사람들이 명상을 하면 고요해져야 한다, 잡념이 없어야 한다고 믿는다. 하지만 고요는 억지로 만드는 게 아니다. 코끼리를 생각하지 말라고 하면 더욱 뚜렷하게 생각나듯이, 억지로 잡념을 없애려 하면 할수록 오히려 잡념은 더 강해지고 더 자주 떠오른다. 억지로 없애려 하지 말고, 그냥 흘러가도록 둬보자. 처음엔 어려워도 자꾸 하다 보면 점점 그 흐름에 익숙해진다.

명상은 생각이 없는 상태가 아니라, 생각을 품고 있는 상태다. 하지만 그 생각에 휘둘리지 않는다. 마치 하늘에 떠 있는 구름처럼 생각은 떠오르고 머물다가 사라진다. 그리고 그 전체를 바라보는 내가 있다. 나는 하늘이고, 생각은 그 하늘 위를 스치는 구름이다. 구름이 아무리 시커멓고 커도 하늘 자체는 변하지 않는다. 그것을 느끼는 순간, 우리는 비로소 내면에 고요를 발견할 수 있다.

명상을 하다 보면 감정도 같은 방식으로 다가온다. 불안, 분노, 슬픔, 초조함, 어떤 감정이 올라오더라도 억누르거나 회피하지 않고, '지금 내 안에 이런 감정이 있구나.' 하고 바라본다. 처음엔 그 감정에 휘둘리겠지만, 시간이 지나면 감정과 나 사이에도 틈이 생긴다. 그 틈에서 숨을 고르고, 다시 중심으로 돌아올 수 있게 된다.

명상은 나의 감정을 마주 보는 연습이다. 우리는 평소 감정을 억누르거나 무시하며 살아간다. 특히 바쁜 일상 속에서는 감정을 들여다볼 시간조차 없다. 하지만 억눌린 감정은 반드시 다른 방식인 분노로, 우울로, 통증으로, 질병으로 터져 나온다. 그래서 명상이 필요하다. 내면의 움직임을 가만히 바라보는 것만으로도 억눌렸던 감정이 스스로 말을 걸기 시작한다. 그리고 그 순간 나 자신을 이해하게 된다.

나의 감정이 내게 하고 싶은 말을 들을 수 있게 된다. 예를 들어, 이유 없이 짜증이 났던 어느 날 명상 중에 마음을 바라보며 이렇게 물었다. "왜 그렇게 짜증이 났을까?" 그러자 문득 떠오른 감정은 '서운함'이었다. 겉으로는 짜증이었지만, 그 안에는 알아주지 않음에 대한 서운함이 있었다. 그걸 인식한 순간, 감정은 스르르 녹아들듯 사라졌다. 명상은 그런 순간들을 만들어준다.

명상은 자신과의 대화다. 그것은 어떤 문제를 해결하는 기술이 아니라, 그 문제를 안고 있는 나와 가까워지는 방법이다. 생각을 없애는 것이 아니라 그 생각에 휘둘리지 않는 힘을 기르는 것이다. 감정을 억누르는 것이 아니라 그 감정에 이름을 붙이고, 친구처럼 곁에 두는 것이다. 그렇게 명상을 통해 우리는 점점 나 자신에게 친절해질 수 있다.

명상은 잘하려고 하면 할수록 멀어진다. 명상은 있는 그대로의 나와 함께 머무는 시간이다. 잘하려고 하지 않아도 괜찮다. 생각이 떠올라서 실패한 게 아니다. 집중이 안 돼도 실패한 게 아니다. 지금 나의 상태를 알아차리고, '지금 이런 마음이 이는구나.' 하고 인정하는 순간도 명상이 될 수 있다.

처음 명상을 배우고 실천할 때, 나는 자주 스스로에게 실망했다. '왜 난 이렇게 집중을 못할까?', '왜 마음이 이렇게 요동칠까?' 그런데 시간이 지나고 보니, 그런 생각 자체도 명상의 일부였다는 걸 알게 됐다. 집중이 안 되는 순간 그 사실을 알아차리는 것, 요동치는 마음을 있는 그대로 바라보는 것이야말로 가장 깊은 명상이었다.

생각이 사라진 듯한 느낌은 진짜 사라져서가 아니라, 이제는 그 생각에 더 이상 끌려가지 않기 때문에 찾아오는 것이다. 머릿속은 여전히 시끄럽지만, 그 소음에 휘둘리지 않는다. 오히려 소음을 품은 채로 조용히 앉아 있을 수 있다. 내 안에 울리는 소리를 억누르지 않고, 그 소리에 귀 기울일 수 있을 때 우리는 비로소 내면의 평화를 얻게 된다. 결국 꾸준한 명상은 흔들림 속에서도 스스로를 붙잡아줄 수 있는 내면의 닻이 되어준다.

# 명상, 멍 때리는 것과 뭐가 다를까?

 명상을 접하기 전에는 명상과 '멍 때리기'가 거의 같은 거라고 생각했다. 둘 다 조용히 앉아서 생각 없이 있는 거라면, 굳이 시간을 내서 해야 하나 싶었다. 사실 가만히 있는 건 잘한다고 생각했기에 더욱 명상이 특별하다는 생각을 하지 못했다. 하지만 실제로 명상을 경험하고 나서야 그 둘 사이에 생각보다 큰 차이가 있음을 깨달았다.

 명상과 멍 때리기를 구분 짓는 본질적인 차이는 바로 '알아차림', 다시 말해 마음 챙김에 있다. 멍 때리기는 말 그대로 마음을 놓아버리고 주의가 흩어진 상태로, 아무 생각 없이 허공을 응시하며 무의식적으로 흐름에 몸을 맡기는 상태다. 반면, 명상은 '지금, 여기'에 주의를 의도적으로 집중하면서도, 그 순간에 내 마음에 무엇이 일어나고 있는지 알아차리는 의식적인 활동이다.

우리의 하루 대부분은 마치 마트 계산대의 컨베이어 벨트 위에서 계산을 기다리는 상품처럼 아무 생각 없이 자동적으로 흘러가고 있을 때가 많다. 때때로 몸은 분명 그 자리에 있지만, 마음은 과거의 후회나 미래의 걱정에 멀리 가 있곤 한다. 그렇게 흘러가다 보면 정작 중요한 지금과 여기를 놓쳐 버리고 만다. 명상은 이런 자동적인 흐름에서 잠시 내려와 온전히 지금 이 순간에 주의를 모으는 연습이다.

이렇게 주의를 모으는 과정에서 가장 중요한 점은 판단을 내려놓는 것이다. 우리는 살아가면서 생각이나 감정이 올라올 때 무의식적으로 '좋다' 혹은 '나쁘다'라는 판단을 내린다. 마음이 답답하면 '안 좋은 감정이네.' 하고 즉시 밀어내려 하고, 기분 좋은 감정은 더 오래 붙잡아 두고 싶어 한다. 이런 습관적인 판단은 우리 내면의 자연스러운 흐름을 왜곡하고, 불필요한 감정적 반응을 일으키곤 한다.

하지만 명상에서는 이렇게 생각이나 감정을 판단하지 않고, 있는 그대로 바라보는 것을 배운다. 예를 들어 불안한 마음이 올라왔을 때, '왜 불안하지? 불안하면 안 되는데….' 하며 억지로 밀어내지 않고, 단순히 '지금 나는 불안을 느끼고 있구나.' 하고 그대로 인정하는 데 그친다. 이 간단한 인정이 오히려 불안과의 관계를 완화시키고, 그것에 압도되지 않도록 마음에 여유를 준다. 이렇게 마음을 판단 없이 바라보는 습관이 길러질 때, 우리는 스스로와의 관계를 회복할 수 있게 된다.

명상이 고요한 상태를 추구한다고 해서 우리가 흔히 상상하는 '아무것도 하지 않는 상태'와 동일한 것은 아니다. 오히려 명상은 내면에서 계속 떠오르는 생각과 감정, 마음의 소음과 적극적으로 직면하며 그것을 명료하게 관찰하는 과정이다. 즉, 명상은 내면의 평화가 아무것도 없는 '무(無)'가 아니라, 모든 것이 자연스럽게 흐르도록 허락하는 온전한 알아차림에서 온다는 것을 가르쳐준다.

## 명상은 이렇게도, 저렇게도

　처음 명상을 접하는 사람들은 종종 혼란스러워한다. 명상을 하려고 마음은 먹었지만 너무나 다양한 명상법과 어려운 용어들이 쏟아져 나오기 때문이다. 나 역시 처음 명상을 시작할 때 이 비슷한 과정을 겪었다. 명상 관련 책이나 영상을 볼 때마다 등장하는 낯선 명칭들과 복잡한 방법들 때문에 도대체 무엇부터 시작해야 할지 몰라 당황했던 기억이 있다. '이런 복잡한 과정을 모두 알아야만 제대로 명상을 할 수 있는 걸까?' 하는 의구심도 들었다. 하지만 10여 년간 다양한 명상법을 직접 경험해본 뒤에야 알게 됐다. 명상의 본질은 결코 복잡한 과정에 있지 않다. 오히려 자신에게 맞는 가장 간단하고 편안한 방식을 찾는 일이 명상의 진정한 시작이라는 점을 말해주고 싶다.

많은 명상법 중에서도 가장 흔하고 쉽게 접근할 수 있는 방법이 바로 호흡 명상이다. 호흡 명상은 지금 이 순간의 들숨과 날숨에 의식을 모으는 방법으로, 누구나 쉽게 할 수 있는 가장 기초적인 명상이다. 호흡은 우리의 몸과 마음을 연결하는 다리 역할을 하기에, 호흡에 주의를 기울이면 자연스럽게 마음이 차분해지고 지금 이 순간에 머무를 수 있다. 처음 명상을 시도한다면 호흡 명상부터 시작하는 것을 추천한다. 이는 어떤 상황에서도 쉽게 실천할 수 있기 때문이다.

호흡 명상은 기본적으로 알아차림 명상에 해당한다. 알아차림 명상이란 지금 여기에서 일어나는 감각과 경험에 지속적으로 주의를 가져오는 것이다. 호흡의 느낌을 관찰하며 생각이 떠오를 때마다 다시 호흡으로 주의를 돌리는 훈련을 반복한다. 처음에는 지루하고 어려울 수 있지만, 지속적으로 연습하면 마음의 안정과 함께 지금 이 순간에 대한 몰입력이 강해진다.

호흡 명상을 할 때 많은 사람들이 "코로 들이마시고 입으로 내쉬어야 하나요?", "복식호흡이 맞나요?", "흉곽 호흡을 해야 하나요?"와 같은 질문을 하곤 한다. 실제로 요가나 필라테스에서는 흉곽 호흡이나 복식호흡처럼 정해진 호흡법을 따르는 경우가 많지만, 명상에서는 그런 방식이나 규칙이 그리 중요하지 않다. 명상의 핵심은 어떻게 숨을 쉬는지보다 그 호흡에 얼마나 의식을 기울이고 있는지에 있다.

가장 단순한 방법은 코로 들이마시고 코로 내쉬는 것이다. 입을 살짝 다물고 들어오고 나가는 호흡에 집중하는 것만으로도 몸을 좀 더 안정된 상태로 이끈다. 상황에 다라 입으로 내쉬는 게 편하다면 그렇게 해도 괜찮다. 중요한 것은 내 숨의 흐름을 알아차리는 것이지, 어떤 규칙을 따르는지가 아니다.

한 가지 참고하면 좋은 팁이 있다면, 날숨을 들숨보다 조금 더 길게 가져가는 것이다. 긴 호흡은 몸과 마음을 이완시키는 데 확실한 도움이 되었다. 특히 긴장감이 심할 때, 들숨보다 날숨을 5초 정도 길게 내쉬는 것만으로도 몸의 긴장이 살짝 풀리는 것을 느낄 수 있다.

어떤 방식이든 무조건적인 정답은 없다. 가장 편한 자세로, 가장 편한 호흡으로 시작하면 된다. 중요한 건 그 호흡을 의식하고 있는가이다.

## 몸을 통해 알아차리는 법

몸 전체를 사용하는 명상법 중에 대표적으로 바디스캔이 있다. 바디스캔은 몸의 감각에 집중하며 신체 각 부위를 세심히 알아차리는 훈련이다. 처음부터 끝까지 몸을 차근차근 살피며 어디에 긴장이 있는지, 어떤 감각이 느껴지는지를 조용히 관찰한다. 바디스캔 과정은 매우 섬세한 집중을 요구하기에, 몸과 마음이 쉽게 산만해지는 사람에게 특히 유용하다.

> **명상 팁 박스**
>
> ### 잠들기 전 바디스캔 명상
>
> 조용한 공간에 등을 대고 누워봅니다. 눈을 감고 손바닥은 하늘을 향해 편안히 열어두세요. 지금 이 순간, 내 몸이 바닥에 닿아 있는 감각부터 느껴봅니다. 바닥이 나를 지탱해 주는 감각, 공기와 피부가 접촉하는 느낌, 그리고 숨이 흐르는 리듬을 부드럽게 따라갑니다. 발끝에서부터 정수리까지 천천히 숨을 따라 주의를 옮겨봅니다.
>
> 어떤 감각이 느껴지면 그 자리에 고요히 머물러봅니다. 아무런 감각이 없어도, 떠오르는 생각이 있더라도 괜찮습니다. 중요한 건 판단이 아닌 알아차림에 있습니다. 지금 내 몸으로 숨 쉬고 있다는 사실을 온전히 느껴봅니다.

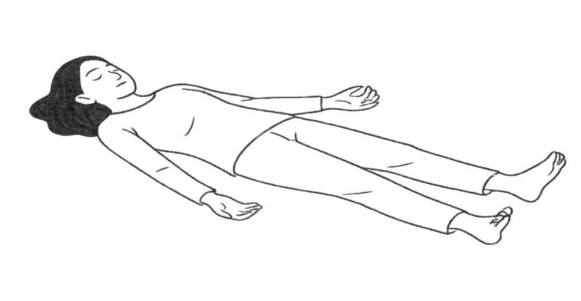

**Q. 지금 내 몸에서 긴장이 느껴지는 부위는 어디인가요?**

---

**그 감각에 부드럽게 숨을 보내볼 수 있을까요?**

---

　움직임 명상은 몸이 움직이는 과정을 통해 알아차림을 훈련하는 방식으로, 요가나 필라테스 등이 여기에 속한다. 요가는 아사나(자세)를 취하는 과정에서 호흡과 움직임을 깊이 연결하며, 자신의 신체적 한계를 탐색하고 수용하는 법을 가르쳐준

다. 요가를 할 때 자세 하나하나를 천천히 유지하며 호흡과 동작을 일치시키다 보면, 어느새 지금 이 순간의 몸 상태와 마음의 흐름을 명확하게 알아차리게 된다. 즉, 요가의 움직임은 단순한 육체적 활동을 넘어 내적 관찰과 자기 이해를 이끄는 명상적 행위라고 할 수 있다.

필라테스 역시 신체의 근육 움직임에 집중하며 몸을 세심히 관찰하는 명상이다. 필라테스는 국내에서는 주로 자세를 가꾸거나 속 근육을 다듬는 '운동'으로 인식되어 있지만, 사실 그 본질을 파고들면 움직임과 호흡을 섬세하게 연결하며 자신을 깊이 관찰하는 움직임 명상으로도 볼 수 있다. 동작 하나하나를 호흡과 연결하여 천천히 수행하다 보면, 필라테스가 단순한 운동을 넘어 몸과 마음을 깊이 연결하는 명상의 일종임을 체감할 수 있다.

이러한 움직임 기반의 알아차림에는 알렉산더 테크닉(Alexander Technique)이나 펠든크라이스 메소드(Feldenkrais Method) 같은 방식도 있다. 알렉산더 테크닉은 앉기, 서기, 걷기와 같은 일상적인 움직임 속에서 무의식적으로 형성된 불필요한 긴장을 알아차리고, 이를 보다 자유롭고 조화로운 움직임으로 되돌리는 훈련으로 알려져 있다. 몸의 습관적인 사용 방식을 재조정하면서, 단순히 잘 움직이는 법을 넘어 '어떻게 존재하고 있는가?'를 되묻는 태도를 기른다. 펠든크라이스 메소드는 아주 미세한 움직임을 반복하며, 뇌와 신체가 새로운 방식으로 연결되도록 이끈다. 익숙한 움직임 속에 숨어 있던 패턴을 다시 조율하고, 더 부드럽고 편안한 방식으로 몸을 사용하는 감각을 회복하게 해준다. '움직임을 통한 자각'이라는 말처럼, 작은 동작을 천천히 탐색하는 과정은 몸과 감각에 대한 인식을 한층 넓혀준다.

이처럼 바디스캔, 요가, 필라테스, 알렉산더 테크닉, 펠덴크라이스 메소드는 모두 몸을 알아차리는 명상이라는 커다란 우산 아래 놓여 있다. 겉으로 보기엔 단순한 움직임이지만, 그 안에는 자신의 몸을 들여다보는 고요한 관찰과 삶을 대하는 태도의 변화가 숨어 있다.

## 한 가지 감각에 집중하는 명상법

명상에 관심이 있다면 '사마타(Samatha) 명상'이라는 이름을 들어본 적이 있을 것이다. 사마타 명상은 마음의 고요함과 안정된 상태를 만드는 데 초점을 두며, 선정(禪定)이라 불리는 깊고 고요한 상태로 이끄는 데 도움을 준다. 나는 이 원리를 바탕으로 싱잉볼 소리나 아로마 향에 집중하는 방식을 접목해 보았다. 소리를 통해 미묘한 진동을 느끼고, 향을 통해 몸과 마음이 자연스럽게 안정되는 경험을 할 수 있었다.

싱잉볼 명상은 싱잉볼이라는 도구를 이용해 소리와 진동에 온전히 몰입하며, 마음을 고요하게 유지하는 명상이다. 싱잉볼을 가볍게 두드리거나 스틱으로 테두리를 천천히 문지르면 맑고 깊은 울림이 만들어진다. 이때의 소리와 진동은 공간을 가득 채우며, 우리 몸의 감각은 파동에 오롯이 집중할 수 있다. 최근에는 싱잉볼 외에도 크리스탈 하프, 틴샤 등 다양한 소리 명상 도구를 활용한 사운드 배스(Sound Bath) 명상도 주목받고 있다.

처음에는 귓가를 스치는 부드러운 울림으로 시작되지만, 점차 몸 깊숙한 곳까지 퍼지는 공명을 통해 전신에 진동이 스며드는 듯한 감각을 느끼게 된다. 이 진동은 몸과 마음을 부드럽게 감싸며 긴장을 풀어주고, 깊은 이완 상태로 이끈다. 소리에 집중할수록 머릿속의 상념이 천천히 가라앉고, 마음은 자연스럽게 고요해지며 명상 상태로 들어가게 된다. 이렇게 진동과 파동을 오롯이 느끼며 머무르는 시간이 바로 소리 명상이다.

아로마를 활용한 명상은 후각을 자극하여 마음의 안정과 몰입을 유도하는 방식이다. 향은 우리의 원초적 뇌인 변연계를 자극하여 감정을 진정시키고, 스트레스 반응을 완화하는 데 효과적으로 알려져 있다. 특히 자연에서 추출한 천연 아로마 에센셜 오일을 깊은 호흡 명상과 함께 활용하면, 신체와 마음의 균형을 회복하는 데 도움을 줄 수 있다.

방법은 간단하다. 그날의 기분이나 컨디션에 맞는 향의 에센셜 오일을 골라 아로마 전용 워머나 디퓨저 스톤 위에 한두 방울 떨어뜨린다. 양초의 열이 은은하게 오일을 데워주면 향이 공간 전체에 천천히 퍼져나간다. 눈을 감고 깊게 숨을 들이마시며 그 향이 내 몸 안으로 스며드는 감각을 조용히 느껴본다. 아로마 명상에서 중요한 것은 단순히 향을 맡는 것이 아니라, 그 향이 내 안에서 어떤 감각을 일으키는지, 몸과 마음에 어떤 영향을 미치는지를 섬세하게 바라보는 것이다.

혹은 호호바 오일이나 코코넛 오일처럼 피부에 바를 수 있는 베이스 오일에 에센셜 오일을 한두 방울 떨어뜨려 손바닥에 문지르는 방법도 있다. 손을 가볍게 비빈 뒤, 따뜻해진 손을 코 가까이에 가져가 천천히 숨을 들이쉰다. 그 향이 내 호흡과 함께 흘러들고, 내면 어디에 스며드는지를 가만히 느껴본다. 이 짧은 순간조차도 향과 함께 나를 바라보는 작은 리추얼이 된다.

라벤더 향은 긴장과 불안을 완화하고 편안한 이완을 돕고, 베르가못이나 시트러스 계열은 우울하고 가라앉은 기분을 산뜻하게 만들어준다. 흙 향이 나는 베티버 오일은 들뜬 신경을 진정시켜 안정되는 듯한 감각을 줄 수 있다. 각각의 향이 주는 느낌에 집중하다 보면 자연스럽게 마음은 과거나 미래가 아닌 현재에 머무르게 되고, 몸과 마음의 긴장이 풀리면서 고요한 상태에 가까워지는 것을 느낄 수 있다.

아로마를 활용한 명상은 특히 머릿속이 복잡하거나, 긴장을 풀고 싶을 때 즉각적으로 도움을 줄 수 있는 방법이기도 하다. 단, 사용하는 오일에 따라 개인의 피부 반응이 다를 수 있으므로, 알러지가 있거나 피부가 예민한 경우에는 꼭 패치 테스트를 해보는 것이 좋다. 필요하다면 전문가의 조언을 참고해 자신에게 맞는 오일을 선택하자.

만트라 명상이나 필사 명상처럼 특정 문구를 반복하며 그 문구에 마음을 온전히 집중하는 방식도 있다. 이러한 명상은 집중력을 키우고 마음을 고요하게 만드는 데 도움이 된다.

결국 사마타 명상은 어느 한 대상에 주의를 기울이며 마음을 고요한 상태로 이끄는 명상법이다. 다만 '고요한 상태에 도달해야지.'라는 목표 자체에 집착하기보다는, 주의를 집중하는 그 순간 자체에 머무르는 것이 더 본질적인 접근일 수 있다. 명상은 결과보다 과정에 의미가 있으며, 집중하는 그 행위 그 자체가 이미 충분히 깊은 수행이 될 수 있다.

## 있는 그대로 바라보는 연습

우리는 때때로 눈앞의 현상을 있는 그대로 보지 못하고, 왜곡해서 받아들일 때가 많다. '저 사람은 왜 나에게 저런 말을 하지?'라는 생각에 상대의 표현을 내게 향한 공격으로 받아들이곤 한다. 사실 그냥 스친 말이었을 수도 있는데, 내가 스스로 마음 깊이 품고 상처로 만들어버리는 셈이다. 이렇게 자의식에 휘둘릴 때, 있는 그대로의 현실을 바라보도록 도와주는 방법 중 하나가 위빠사나(Vipassana) 명상이다. 이 순간 우리데게 필요한 것은 '판단'보다는 '관찰'이다.

위빠사나 명상은 현실의 본질을 꿰뚫어 보고, 모든 현상에 고정된 실체가 없다는 사실을 자각하는 데 중점을 둔다. 생각과 감정, 신체에서 느껴지는 모든 감각을 관찰하며, 그것들이 계속해서 변화하고 있음을 있는 그대로 바라보는 명상법이다. 이름은 낯설게 느껴질 수 있지만 걷기 명상, 건포도 명상, 차 명상처럼 일상 속에서 집중과 관찰을 실천하는 방식도 위빠사나 명상의 흐름과 닿아 있다.

걷기 명상을 예로 들어보자. 평소 우리는 걸을 때 별다른 생각 없이 무의식적으로 움직이곤 한다. 하지만 걷기 명상에서는 한 걸음 한 걸음마다 의도적으로 천천히 걸으며, 발바닥과 땅이 만나는 순간의 미세한 감각을 세밀하게 느낀다. 발바닥이 지면에 닿을 때의 압력, 발뒤꿈치에서 앞쪽으로 무게가 이동하는 순간의 미세한 균형 변화, 발이 땅에서 떨어지는 찰나의 공허한 느낌까지도 놓치지 않고 알아차린다. 또한 걷는 동안 다리 근육이 어떻게 움직이고 긴장과 이완을 반복하는지, 몸 전체의 균형을 잡기 위해 상체가 어떻게 반응하는지까지 세밀히 관찰한다. 이렇게 걷는 순간에 일어나는 모든 감각과 변화를 세심하게 관찰하다 보면, 우리의 몸과 마음이 끊임없이 움직이며 변화한다는 사실을 분명하게 느낄 수 있다.

건포도 명상도 비슷한 원리로 이루어진다. 건포도 한 알을 손 위에 올려놓고, 먼저 눈으로 천천히 살펴본다. 작고 구겨진 표면과 그 위의 주름들, 건포도의 색깔과 크기를 찬찬히 관찰한다. 그리고 손가락으로 천천히 만져보며 질감을 느껴본다. 그런 다음 천천히 입 안에 넣고 혀끝에 닿는 순간부터 입 안 전체로 퍼져가는 맛과 감촉의 변화를 세밀하게 느껴본다. 천천히 씹으면서 건포도가 내는 미묘한 소리와 질감의 변화를 놓치지 않고 알아차린다. 이 과정에서 건포도라는 아주 작은 대상 안에서도 끊임없는 변화와 움직임이 있다는 사실을 명확히 관찰할 수 있게 된다. 우리가 일상적으로 무심히 하는 행동조차, 천천히 주의를 기울이면 얼마나 다양한 변화가 일어나는지를 깨닫게 되는 것이다.

차 명상 역시 같은 방식으로 이루어진다. 차를 준비하는 첫 과정부터 시작해 찻잎의 모양과 질감을 유심히 관찰하고, 따뜻한 물을 부을 때의 물소리를 듣는다. 차가 서서히 우러나면서 색과 향이 변화하는 과정을 찬찬히 지켜보며, 찻잔에 닿는 손의 온기와 입술에 닿는 찻잔의 느낌까지 세밀하게 관찰한다. 이렇게 모든 감각적 변화를 세심히 바라보다 보면, 차를 마시는 아주 평범한 순간에도 수많은 변화와 움직임이 있다는 사실을 알게 된다.

이처럼 위빠사나 명상은 우리의 삶 속에서 아주 작고 일상적인 행위를 통해 끊임없는 변화의 흐름을 직접 관찰하게 한다. 이를 통해 삶의 많은 현상들이 끊임없이 변화하고 있음을 자연스럽게 체감할 수 있다.

**질문이 이끄는 명상**

우리가 일상에서 흔히 겪는 감정이나 혼란은 그 뿌리를 제대로 들여다보지 않으면 반복되곤 한다. 나는 이런 감정을 풀어내기 위해 매일 아침 '날감정기록'을 해왔다. 눈을 뜨자마자 떠오른 감정을 글로 써 내려가고, 그 감정이 왜 생겨났는지를 계속해서 질문하며 따라가는 방식이다. 자의식에 휘둘릴 때는 감정에 반사적으로 휩쓸리기 쉽지만, 날감정기록과 같은 방식은 감정을 있는 그대로 들여다보는 '관찰자'의 시선을 회복하게 해준다.

예를 들어, 눈을 뜨자마자 왠지 기분이 가라앉는다면 "지금 나는 왜 이런 기분이 들까?"라는 질문에서 시작해 본다. 처음엔 막연히 어제 있었던 일 때문이라 여길 수 있지만, "그 일에 나는 왜 이렇게 반응할까?", "나는 왜 이런 상황에서 특히 민감하게 반응할까?"처럼 계속 물어가다 보면, 언젠가 표면 뒤에 숨어 있던 진짜 감정이나 기억이 드러난다.

이처럼 질문을 반복하며 마음의 실타래를 하나씩 풀어가는 기록은 감정을 알아차리는 데서 멈추지 않고, 그 감정이 어디에서 비롯되었는지까지 추적하게 만든다. 나를 괴롭히는 문제의 본질을 조용히 발견하게 되면서, 그것을 있는 그대로 바라볼 수 있는 힘이 조금씩 생겨난다.

날감정기록은 단순한 글쓰기가 아니다. 그것은 나 자신과 깊은 대화를 나누는 명상이자, 마음을 천천히 정리해 가는 하나의 리추얼이다. 특별한 형식도 필요 없다. 질문하고, 쓰고, 다시 질문하고, 또다시 써보는 이 반복의 리듬 속에서 산란했던 마음도 어느새 조금씩 고요해진다.

명상법을 이렇게 분류하고 이해하는 이유는 결국 자신에게 맞는 명상을 선택하는 데 도움을 주기 위함이다. 누구에게나 맞는 완벽한 명상 방법은 없다. 사람마다 성격도, 상황도 다르기 때문이다. 평소 마음이 산만하고 집중이 어렵다면 호흡 명상이나 소리 명상을, 자신의 내면을 깊이 있게 탐구하고 싶다면 위빠사나 명상이나 쓰기 명상이 적합할 수 있다. 감정 해소가 즉각적으로 필요할 땐 아로마를 활용한 호흡 명상이 효과적이다. 몸을 움직이는 게 편하다면 요가나 걷기 명상이 좋고, 내 몸과 마음에 청진기를 대듯 바라보고 싶을 땐 바디스캔 명상을 선택할 수 있다. 각자의 성향과 환경을 충분히 고려하며 자신에게 맞는 명상을 하나씩 시도해보는 것이 중요하다.

   명상을 처음 시작할 때 가장 중요한 태도는 자신에게 너무 엄격하지 않게, 어떤 반응에도 열린 마음으로 다가가는 것이다. 다양한 명상법을 경험하며 자신에게 가장 편안하고 자연스러운 방법을 찾아 꾸준히 실천하면 된다. 명상은 결코 특별한 수행이 아니다. 오히려 나에게 가장 자연스러운 방식으로 지금 이 순간에 머무르는 것이다. 다양한 명상 중 나에게 잘 맞는 언어를 찾고, 그 언어로 매일 명상을 실천하다 보면, 명상은 어느새 삶의 일부로 자연스럽게 녹아들 것이다. 결국 명상은 내 삶을 좀 더 평온하게 하고 깊은 행복감을 주는 가장 단순하고도 아름다운 행위다.

## 고요함에 닿는 작은 시작들

　명상을 처음 시작하는 사람들은 종종 명상을 지나치게 어렵고 복잡한 수행으로 생각한다. 마치 높은 산을 오르듯 힘들고 긴 과정을 거쳐야만 뭔가 특별한 상태에 도달할 수 있다고 기대한다. 하지만 명상은 애초에 특별한 상태에 도달하는 기술이 아니라, 지금 내 삶 속에서 자연스럽게 이루어지는 과정이다. 명상은 일상과 분리된 어떤 의식적인 이벤트가 아닌, 일상 그 자체에서 시작되어 일상에서 마무리되어야 한다. 그렇기에 명상을 제대로 시작하고 지속하기 위해서 거창한 목표보다는 내 삶 속에서 손쉽게 접근할 수 있는 작은 습관부터 만드는 것이 중요하다.

　처음 명상을 시도하는 사람들은 자주 '잡생각' 때문에 괴로

위한다. 눈을 감고 고요함을 찾으려 하면 오히려 생각이 폭포수처럼 쏟아져 내려와 당황하기 마련이다. 그래서 대부분은 자신이 명상을 잘못하고 있다고 느끼거나, 혹은 자신에게 명상이라는 활동 자체가 맞지 않는다고 생각하고 금방 포기해 버린다.

하지만 여기서 가장 중요한 점은 '잡생각이 없어야 명상을 잘한 것'이라는 오해에서 벗어나는 것이다. 사실 명상을 제대로 했다는 어떤 기준이나 프레임 자체가 존재하지 않는다. 또한 명상은 생각을 없애는 행위가 아니라, 떠오르는 생각의 흐름을 있는 그대로 알아차리는 데 그 본질이 있다. 그러니 생각이 많이 떠오른다고 해서 명상을 잘못하고 있는 것이 아니다. 그저 떠오른 생각의 흐름을 알아차릴 수 있다면 그것이 바로 명상을 하고 있다는 증거다. 명상은 잘하거나 못하는 것이 아니라, 그저 순간순간을 알아차리는 과정일 뿐이다.

이렇게 명상을 정확히 이해했다면, 이제 명상을 시작하기 위한 나만의 작은 루틴을 만들어 보자. 습관을 만드는 가장 효과적인 방법은 바로 이미 존재하는 일상적 습관과 결합

하는 것이다. 매일 아침 일어나 양치를 하고 나서 5분 동안 가만히 앉아 호흡을 관찰하는 것부터 시작할 수도 있고, 퇴근 후 집에 돌아와 차를 우린 뒤 천천히 차를 음미하는 순간을 명상으로 삼아도 좋다. 중요한 것은 하루 중 특정한 순간을 '명상 시간'으로 인지하게끔 만드는 것이다. 처음부터 30분, 1시간 같은 긴 시간을 목표로 하지 않아도 된다. 아주 짧은 순간이라도 반복하면 자연스럽게 명상은 우리의 일상 속에 녹아든다.

실제로 나는 명상을 시작하기 전, 내게 맞는 환경을 마련하는 데 신경을 썼다. 명상은 결국 뇌, 몸과 마음을 쉬게 하는 습관이다. 그렇기 때문에 내 몸과 마음이 명상에 들어가기 쉽도록 환경을 조성하는 것도 좋은 방법이다. 꼭 사찰이나 숲속처럼 특별한 공간일 필요는 없다. 나의 경우엔 침대 옆 작은 구석을 나만의 명상 공간으로 지정했다. 이 공간에는 좋아하는 찻잔과 향을 준비해 두었다. 그곳에 앉는 순간 나는 이미 명상 상태에 들어갈 준비가 된 것처럼 마음이 편안해진다. 자신이 편안하다고 느끼는 애착 물건, 마음이 가는 향, 촉감 좋은 담요 등을 준비하면 더욱 쉽게 명상을 생활

속으로 끌어들일 수 있다.

 명상 습관을 만들 때 자주 부딪히는 또 하나의 어려움은 바로 완벽주의다. 우리는 대부분 완벽한 상태를 꿈꾼다. 그런데 명상에서 완벽을 추구하면 오히려 더 스트레스를 받게 된다. 명상을 하다 보면 어떤 날은 마음이 평온하고 어떤 날은 마음이 몹시 산란할 수 있다. 마음 상태는 날씨와 같다. 흐린 날이 있고 맑은 날이 있는 것처럼, 어떤 날은 명상이 쉽게 되고 어떤 날은 어렵기도 하다. 중요한 것은 어느 날이든 그대로 인정하고 받아들이는 태도다. 완벽하지 않은 상태 그대로 명상에 머무를 수 있는 연습이야말로 진정한 명상이다. 그러니 명상을 시작할 때는 항상 자신에게 다정한 태도를 유지해야 한다. 자신을 평가하지 않고, 관찰하는 태도만으로 충분하다.

**오감을 깨우는 '마음챙김'**
 명상을 생활 속에서 더욱 깊이 있게 녹이고 싶다면, 단지 앉아서 하는 명상 외에도 일상의 작은 행동에서 마음챙김을 하며 접근하는 것이 좋다. 마음챙김은 거창한 개념이 아니다. 지금 이 순간에 깨어서 자신의 경험을 있는 그대로 알아차리는 것이다. 많은 사람들이 명상을 특별한 순간에 하는 특별한 수행이라 생각하지만, 사실 진정한 마음챙김은 평범한 일상 속 작은 순간들에 더 가깝게 존재한다.

특별한 장소나 특별한 도구가 없어도 괜찮다. 지금 내 몸과 마음이 무엇을 경험하고 있는지 잠시 멈춰 서서 알아차리는 그 순간이 바로 마음챙김이다. 마음챙김에서 우리의 오감을 활용하는 방법은 매우 효과적이다. 예를 들어, 식사를 할 때 의식적으로 음식의 맛과 향, 씹는 촉감을 느끼며 천천히 먹는 습관을 가져보자. 먹는 동안 마음이 현재 순간에 집중되고, 식사 자체가 명상이 된다. 이런 일상 속 마음챙김의 구체적인 방법들은 무궁무진하다.

차를 우리는 과정도 명상의 한 방법으로 삼을 수 있다. 우선 마음이 가는 다구를 꺼내어 유심히 바라본다. 다기의 매끈하고 부드러운 표면, 손끝에 닿는 차가우면서도 온화한 감촉을 천천히 느껴본다. 실제로 일본의 다도에서는 모든 사물에 신이 깃들어 있다고 여겨, 다도를 시작하기 전 다구에게 오늘의 의식이 무사히 마칠 수 있도록 도와달라고 기도하는 의례를 갖는다. 그만큼 다구와 함께하는 시간은 단순한 행위가 아닌, 깊은 존중과 깨어있는 감각에서 비롯된다.

주전자를 준비해 물이 끓기 시작할 때 나는 은은한 물소리에 귀를 기울인다. 마치 산속의 작은 계곡물 흐르는 소리와 닮아있는 듯, 마음이 자연스럽게 차분해지고 안정되는 것을 느낄 수 있다. 찻잎을 천천히 다관에 넣으면서 손가락 끝에 느껴지는 찻잎의 마른 질감을 섬세하게 감지하고, 그 순간 가볍게 올라오는 찻잎 특유의 깊고 맑은 향을 맡아본다. 물이 다 끓으면 차분히 다관에 물을 붓는다. 물줄기가 찻잎을 적시며 만들어내는 작고 섬세한 소리, 찻잎이 천천히 펼쳐지며 그 속에서 풍겨오는 향기의 변화를 주의 깊게 관찰한다. 찻잎이 물과 어우러져 진한 빛깔로 물들어가는 순간을 바라보는 것만으로도 마음은 이미 깊은 휴식 상태에 들어간다.

이렇게 우러난 차를 찻잔에 천천히 따르며 그 고요한 시간을 음미한다. 찻잔에서 올라오는 온기와 깊은 향을 다시 한번 맡아보고, 차를 입에 머금고 천천히 혀끝에서 느껴지는 다채로운 맛의 변화를 따라간다. 목으로 차가 부드럽게 넘어가는 감각을 끝까지 지켜보며 온몸과 마음을 지금 여기에 머무르게 한다. 차 한 잔을 마시는 짧은 순간에도 이렇게 모든 감각을 열고 섬세하게 느낀다면, 이 과정 자체가 곧 깊고 온전한 명상이 된다.

숲길을 걸을 때는 바람이 내 피부를 스치는 감각, 새들의 지저귐, 흙의 향기를 의식적으로 느끼는 것만으로도 깊은 명상이 가능하다. 미술관에서도 그림 한 점 앞에 서서 천천히 작품과 마주하는 순간, 그 시각적 감각이 마음을 온전히 현재로 이끌어 줄 것이다. 이렇게 일상 속의 작은 순간들을 명상의 순간으로 바꾸면, 더 이상 명상은 어렵거나 복잡한 것이 아니라 삶의 기쁨을 더해주는 소중한 경험으로 다가온다.

   재봉틀로 바느질을 할 때도 마음챙김은 얼마든지 가능하다. 재봉틀이 웅웅 돌아가는 규칙적인 소리, 바늘이 천에 실을 박아낼 때의 리드미컬한 움직임, 손끝으로 천의 질감을 느끼는 섬세한 감각까지, 바느질의 모든 과정을 천천히 따라가다 보면 자연스럽게 지금 이 순간에 몰두하게 된다. 재봉틀뿐 아니라 뜨개질을 하면서도 비슷한 경험을 할 수 있다. 완성된 결과물보다는 하나하나의 과정에 마음을 기울이는 것 자체가 바로 마음챙김이다.

   부드러운 속옷이나 편안한 잠옷을 입는 순간, 보송보송하고 깨끗한 침구에 몸을 눕히는 순간도 마음챙김의 한 방법이다. 촉감의 부드러움을 느끼며 '아, 기분 좋다.'라고 의식적으로 떠올려본다. 가을 날씨에 창문을 살짝 열고 바람을 맞으며 침대에 누워 몸이 노곤노곤해지는 그 순간 역시 마음챙김이 자연스럽게 일어나는 경험이다.

   식물에게 물을 주며 "예쁘게 잘 자라렴."이라며 속삭이는 것도 마음챙김이다. 식물이 태양 아래에서 충분히 빛을 받고 생기를 되찾는 모습을 바라보며, 식물의 행복과 생명력을 느껴본다. 작은 행동이지만 이 과정에서 우리는 마음이 따뜻해지고 차분해지는 경험을 하게 된다. 마치 식물과 나 사이에 교감이 일어나, 내가 식물을 돌보는 동시에 식물도 내게 평화로운 에너지를 돌려주는 것이다.

사랑과 자비를 기원하는 연습 역시 훌륭한 마음챙김의 방법이다. 다음과 같은 자비 명상 구절을 마음속으로 천천히 읊조려 본다.

"나에게 미움이 없기를, 악의가 없기를, 근심이 없기를, 고통이 없기를, 내가 행복하기를 기원합니다."

이 만트라를 나 자신뿐 아니라 사랑하는 사람, 심지어 잘 모르는 사람이나 갈등을 겪고 있는 사람에게까지 확장해 보면, 마음속에 묵혀있던 부정적 감정이 서서히 녹아내린다. 지하철이나 버스를 타고 이동 중에도 이 만트라를 조용히 마음속으로 읊으면, 주변의 혼잡한 분위기 속에서도 마음의 평화와 긍정적인 에너지를 경험할 수 있다. 이렇게 사랑과 자비를 기원하는 마음챙김은 단순히 좋은 기분을 느끼게 해주는 것뿐 아니라, 자신의 내면을 든든하게 만들어주는 힘이 있다.

이처럼 마음챙김은 특별한 기술이나 거창한 준비가 필요하지 않다. 지금 밥을 먹으며, 차를 마시며, 걷는 순간에 잠시 멈춰 서서 내가 경험하고 있는 모든 감각과 마음 상태를 있는 그대로 바라보는 것들이 바로 마음챙김이다. 이를 통해 일상 속의 평범한 순간이 더 이상 평범하지 않게 된다. 마음챙김을 실천하는 매 순간이 충만함과 평화로 가득한 특별한 현재가 된다.

## 명상은 삶을 살아내는 연습

명상을 삶에 자연스럽게 녹이는 가장 깊은 방법 중 하나는 불편함을 대하는 태도를 바꾸는 것이다. 우리는 누구나 크고 작은 어려움, 피하고 싶은 상황, 삶의 흐름을 방해하는 감정과 마주한다. 그때마다 중요한 것은 그 불편함을 어떻게 바라보고, 어떻게 받아들이느냐 하는 자세다. '이건 없어져야 할 고통'이 아니라, '지금 이 순간 나에게 도착한 삶의 일부'로 받아들이는 연습이 필요하다. 이 태도가 반복될수록 삶은 더 이상 문제를 해결해야 하는 대상이 아니라 함께 걸어야 하는 길처럼 느껴지기 시작한다.

명상이란 지금 여기에 있는 현실을 있는 그대로 바라보려는 연습이다. 무언가 불편하거나 고통스러울 때, 그것을 밀어내거나 피하려고 하지 않고 그 순간의 감정과 생각을 그대로 바라보는 것이다. 그저 조용히 나 자신에게 '지금 내가 이러한 마음 상태에 있구나.'라고 인정하고 알아차리는 것만으로도 충분하다. 이러한 태도는 특정한 신념이나 수행 방법을 요구하지 않는다. 삶을 있는 그대로 받아들이고, 그것을 부정하지 않으며,

순간순간 내 마음을 솔직하게 바라보는 일상의 실천이다.

결국 명상을 삶 속에 온전히 녹이는 방법은 거창한 원칙이나 특별한 용어에 있지 않다. 오히려 삶에서 마주치는 모든 상황을 있는 그대로 마주하고 인정하며, 그것을 조금 더 건강한 방향으로 변화시키려는 매일의 작은 노력 속에 있다. 이런 태도를 유지할 수 있을 때, 우리는 누구나 자신만의 방식으로 내면의 평화와 성장을 자연스럽게 경험할 수 있을 것이다.

마음을 나누는 공동체와 함께하는 것도 큰 힘이 된다. 나의 경험상, 혼자서 마음챙김을 실천하는 것보다 사람들과 함께 명상하고 필사하고 마음을 나눌 때 더욱 깊은 마음의 평화를 얻을 수 있었다. 명상을 지속하고 싶다면 자신과 공명하는 도반(道伴)을 찾아 함께하는 것도 좋은 방법이다.

다만, 도반들과는 건강한 에너지를 교류할 수 있어야 한다. 함께 명상을 하면서도 누군가가 더 먼저 깨달음에 도달한 것처럼 의식 성장에 경쟁하고 시기하는 분위기가 형성된다면, 그것은 진정한 의미의 공동체가 될 수 없다. 각자의 상황과 성장의 속도가 다름을 충분히 이해하고 있는 그대로를 받아들이며 나아갈 수 있어야만 비로소 진정한 공생과 성장이 가능하다. 명상 공동체의 목적은 서로를 판단하고 비교하는 데 있지 않고, 서로가 지금 있는 자리에서 각자의 속도대로 성장하도록 지지

하고 응원하는 데 있음을 잊지 말아야 한다.

결국 명상은 작은 습관과 의식, 삶 속의 알아차림이 모여서 이루어지는 과정이다. 완벽을 내려놓고, 현재 순간을 호기심과 다정한 마음으로 대하는 것이야말로 명상에 가장 잘 다가가는 방법이다. 지금 이 순간부터라도 작은 명상 습관을 시작해 보자. 작은 시작이 우리의 삶에 커다란 변화를 가져다줄 것이다.

**명상 팁 박스**

### 향과 호흡을 맞추는 아로마 명상

손바닥에 아로마 에센셜 오일 한 방울을 떨어뜨립니다. 평소 혹은 지금 이 순간 애착이 가는 향이라면 더 좋습니다. 양 손바닥을 가볍게 비벼 따뜻하게 만든 후, 손을 코 가까이 가져가 숨을 천천히 들이마십니다. 향이 코끝을 스치며 마음을 자극하는 순간, 향기와 함께 감정도 퍼져나갑니다.

향을 따라 숨을 천천히 들이쉬고 내쉬어봅니다. 그저 향에 집중하면서 지금의 감정이 어디에 머무는지 관찰해 봅니다. 조금씩 숨이 깊어지고, 감정이 부드럽게 가라앉는 것을 느껴보세요.

### *Aroma Note*

페퍼민트 오일은 상쾌한 향으로 머리를 맑게 하고 긴장을 완화하는 데 도움을 줄 수 있습니다. 오렌지 오일은 기분을 부드럽게 전환해주며, 우울감이나 스트레스를 가볍게 덜어내는 데 쓰입니다. 마조람 오일은 깊은 이완을 유도합니다. 단, 졸음을 부를 수 있어 활동 전보다 저녁 휴식 시간에 사용하면 더욱 적합합니다. 버가못 오일은 불안하거나 예민한 감정 상태를 부드럽게 진정시켜줄 수 있는 향으로 알려져 있습니다. 프랑킨센스 오일은 마음을 차분하게 가라앉히며, 안정감 유도에 도움을 줄 수 있다는 연구가 있습니다. 샌달우드 오일은 심신 전체에 고요한 진정을 가져다주는 향으로, 명상 시 집중력 향상에 자주 활용됩니다. 베티버 오일은 '뿌리 향'이라 불리며, 무너진 중심을 다시 세우는 데 도움이 되는 안정적인 향입니다. 코파이바 오일에 함유된 성분은 신경계 균형 유지에 도움이 될 수 있다는 연구가 있으며, 네롤리 오일은 가슴이 두근거릴 때나, 감정의 파도가 클 때 진정 효과를 주는 향으로 알려져 있습니다.

*이 글은 아로마테라피의 일반적인 활용을 소개한 내용이며, 의료적 조언은 아닙니다.

**Q. 지금 내 몸과 마음이 가장 필요로 하는 아로마 에센셜 오일을 골라봅니다.**

───────────────────────────

**향을 통해 내 안에 일어난 변화를 천천히 알아차려 봅니다.**

───────────────────────────

## 명상적 삶은 작은 선택의 순간에서부터

현대 사회는 끊임없는 자극과 소음으로 넘쳐난다. 명상은 그런 복잡한 환경 속에서도 나만의 고요한 공간을 내 안에 마련하는 일이다. 꼭 절이나 명상센터에 가지 않더라도, 오늘 이 순간 일상 속에서 명상적 삶을 살아가기로 선택하는 것부터 시작할 수 있다. 명상적 삶은 산속에 들어가 속세와 단절된 삶을 살아야만 가능한 것이 아니다. 그저 매 순간 내면의 평화를 선택하고, 일상을 나답게 살아가도록 방향을 잡는 것이다. 내 마음에 정직하며, 떳떳하게 나만의 방식을 지켜가는 모든 삶의 방식이 곧 명상이 될 수 있다.

결국 일상 속에서 마음챙김을 실천하는 것은 특별한 이상이나 멀리 있는 목표가 아니다. 나만의 일상 루틴 속에서 감각을 깨워 내면의 고요함과 사랑의 에너지를 느끼고, 그것을 자연스럽게 주변으로 확장하는 것이다.

내면의 평화와 자유를 발견하는 순간, 우리는 외부 조건에 흔들리지 않는 진정한 삶의 중심을 갖게 된다. 지금 이 자리에서 나만의 작은 서원을 세워 마음챙김 한 스푼을 삶에 더해보는 건 어떨까?

## 이미 사랑 안에 있는 당신에게

명상의 궁극적인 목적은 단지 나 하나의 평화와 행복에 머무르는 것이 아니다. 명상을 통해 길러진 내면의 고요와 따뜻함은 자연스럽게 주변으로 확장된다. 가족, 친구, 직장 동료, 나아가 우리가 직접 만나지 못한 이들과도 에너지의 영향을 주고받을 수 있다.

누군가는 맛있는 음식을 요리하며 사람들에게 기쁨을 주고, 다른 누군가는 유쾌한 유머로 세상에 웃음을 전하며, 배움을 나누는 일로 타인의 삶을 밝히기도 한다. 이렇게 자신의 자리에서 사랑과 자비, 긍정의 에너지를 퍼뜨리는 이들 모두가 일상의 명상을 실천하는 사람들이다. 그런데 때때로 우리는 너무 외로워져서 이런 생각을 하기도 한다.

'어쩌면 나는 사랑받을 수 없는 사람일지도 몰라…'

하지만 이 문장은 절대적으로 틀린 말이다. 우리는 한시도 사랑 없이는 숨을 쉴 수조차 없다. 살아 있는 한, 우리는 이미 누군가의 보살핌과 사랑 안에 있다. 지금 먹고 있는 밥도, 내가 있는 공간도, 마시는 물과 숨 쉬는 공기까지. 모두가 누군가의 손길에서 비롯된 것이다. 그리고 우리는 거대한 자연이라는 상상조차 못 할 품 안에서 이미 깊이 사랑받고 있다.

우리 곁에서 제 몫을 다하며 살아가는 사람들을 향해 감사와 존중의 마음을 보내는 것만으로도 우리 역시 세상의 보살핌과 연결되어 있다는 감각을 느낄 수 있다. 명상은 나로부터 시작되지만, 결국 그 에너지는 세상으로 흘러간다. 그것이 진정한 명상의 길이자, 우리가 함께 살아가는 이유다.

# 효율만이 정답일까

문득 이런 생각이 스친다. '그때 다른 선택을 했더라면, 지금쯤 전혀 다른 길 위에 있지 않았을까?' 과거 어느 갈림길에서 조금만 방향을 달리했더라면 지금과는 다른 하루를 살고 있었을지도 모른다는 상상. 누구나 한 번쯤은 그런 질문을 자신에게 던져본 적이 있을 것이다.

요즘처럼 모든 게 빠르게 돌아가는 시대에선 뚜렷한 목표를 향해 나아가는 이들이 유독 돋보인다. 그러다 보면 나도 모르게 스스로에게 묻게 된다. '나는 지금 제대로 가고 있는 걸까?', '조금 늦는 건 아닐까?' 그런 물음들이 비교나 조급함에서 나올 때도 있지만, 더 근본적인 이유는 따로 있다. 지금 걷고 있는 길이 정말 나의 방향인지, 스스로에게 진심으로 묻고 싶은 마음 때문이다.

　우리는 모두 저마다의 속도로, 자신만의 문장을 써 내려가고 있다. 남들과 똑같은 방향이 아니어도, 누군가가 미리 정해둔 정답을 따르지 않아도 괜찮다. 중요한 건 그 속도와 방향이 나에게 진실한가이다.

　예상대로만 흘러가는 인생은 드물다. 예상치 못한 변수, 되돌아 나와야 하는 순간, 멈춰 서게 되는 고비들이 반드시 존재한다. 그 속에서도 자기만의 리듬을 잃지 않는 것이 가장 중요하다. 속도가 느려도, 남들과 다른 길을 걷고 있어도, 그 안에서 스스로의 감각을 신뢰하며 걸어갈 수 있다면 그것으로 충분하다.

　우리는 너무 오래 '정답'이 정해진 세계에서 살아왔다. 더 빠르게, 더 효율적으로, 시행착오 없이 목표에 도달하는 것이 이상적인 삶처럼 여겨졌다. 하지만 시간이 지날수록 알게 된다. 가끔은 길을 돌아보는 이가 더 넓게 본다는 것을 말이다.

　정해진 틀을 벗어나 다양한 길을 지나온 사람에게는 단단함과 유연함이 함께 배어 있다. 돌아섰던 순간, 예상 밖의 경험, 비효율로 여겨졌던 시간들이야말로 우리를 더 깊은 곳으로 이끌었기 때문이다. 물론 누군가는 주어진 길을 성실히 걸어가며 자신만의 답을 만들어간다. 그 길 역시도 충분히 값지다. 모든 길에는 고유한 리듬이 있고, 결국 중요한 건 각자의 자리에서 얼마나 진심을 다했느냐다.

삶의 변수는 때때로 방향을 잃게 만들지만, 그 안에는 자기 자신과 마주할 수 있는 깊은 시간이 숨어 있다. 헤매는 순간마다 우리는 자신과 대화하고, 점차 자기만의 속도와 감각을 찾아간다. 그렇게 조금씩 자신이 원하는 방향으로 발걸음을 옮기게 된다.

누군가의 눈엔 이리저리 표류하는 나룻배처럼 보였을지 몰라도, 그 안에서 스스로의 감각으로 길을 찾으려 애쓴 여정은 결코 헛되지 않다. 누군가가 짜놓은 공식을 따르기보다, 나만의 방식으로 해석하고 선택하며 쌓아온 하루하루. 그 모든 날들은 여전히 나라는 이야기를 이어가고 있다. 그리고 그 문장을 끝까지 이어가게 만드는 힘은 무엇보다도 내가 나 자신을 포기하지 않았다는 사실에서 비롯된다.

오늘도 우리는 묻는다. "나는 지금 괜찮은가?" 그 질문에 답을 찾아가는 과정이 곧 우리의 진짜 기록이 아닐까. 단거

리보다 더 오래, 더 멀리 가야 하는 길 위에서 우리는 여전히 우리만의 이야기를 써 내려가고 있다.

# 3부
# 존재의 감각을 회복하는 시간

The real meditation is how you live your life.

진짜 명상은 어떻게 사는지에 달려 있다.

_ 존 카밧진(Jon Kabat-Zinn)

명상이 삶을 바꾼다는 말을 들으면 솔직히 반신반의하게 된다. 마음이 편안해지고, 감정이 조절되며, 몸과 마음의 치유가 일어난다는 이야기는 어쩐지 너무 두루뭉술하게 들린다. 실체가 없는 말처럼 느껴지기도 한다. 그런데 명상을 정말로 꾸준히 실천해 본 사람들은 말한다. "모든 게 좋아졌다."라고 말이다. 그렇다면 명상은 구체적으로 무엇을, 어떻게 바꾸는가? 명상이 우리의 일상에 어떤 실제적인 영향을 미치는지부터 짚고 가보자.

우리는 하루에도 수십 번씩 감정의 파도에 휘둘린다. 갑자기 울컥하거나, 이유 없이 불안하거나, 아무 일도 아닌 일에 상처를 받는다. 대부분의 사람들은 이 감정이 그냥 '성격'이라고 퉁쳐버리거나, 시간이 지나면 괜찮아진다고 여긴다. 하지만 이런 감정의 반응은 습관처럼 몸에 밴 자동 반응일 가능성이 크다. 그리고 바로 이 지점에서 명상이 개입할 수 있다. 명상은 무언가를 바꾸기보다, 먼저 '멈춰서 바라보는 힘'을 키우는 데서 시작된다.

예를 들어보자. 누군가에게 상처가 되는 말을 들었을 때, 이전의 나는 바로 감정적으로 반응했다. 속으로 열이 확 오르고, 마음이 복잡해져 하루 종일 기분이 나빠졌다. 그런데 명상을 시작하고 나서는 그 반응이 조금 달라졌다. '아, 내가 지금 화가 났구나.'라고 알아차릴 수 있는 힘이 생긴 것이다. 알아차리는 순간, 감정은 그 자체로 조금은 가라앉는다. 마치 뜨거운 물에 손을 담그기 전에 '뜨겁겠지.' 하고 미리 인지하는 것처럼, 감정을 알아차릴 수 있으면 그 감정에 완전히 휩쓸리지 않게 된다.

명상이 주는 변화는 미세하지만 분명하게 시작된다. 그것은 곧 나를 덜 잃어버리는 상태와 연결된다. 상황이 휘청일 때 중심을 다시 잡을 수 있는 여유, 타인의 말에 조금 덜 흔들리는 내면, 불안 속에서도 나를 붙잡을 수 있는 작은 닻 같은 것, 우리는 이런 여유를 흔히 '여백'이라고 부른다. 명상은 이 여백을 만들어준다. 감정과 생각 사이, 자극과 반응 사이에 숨 쉴 틈을 만들어주는 것이다.

또한 명상은 단지 감정만을 다루는 것이 아니다. 습관적으로 흐르던 생각의 패턴을 관찰하고, 우리가 놓치고 있던 몸의 신호에 주의를 기울이게 한다. 우리는 대부분의 시간을 머릿속에서만 살고 있다. 과거를 후회하거나 미래를 걱정하며 정작 지금 이 순간 몸이 느끼는 긴장, 피로, 두려움을 외면한 채 하루를 흘려보낸다. 하지만 명상을 하면 나도 모르게 굳어 있던 어깨와 턱, 억눌려 있던 감정, 숨을 참듯 억지로 버티던 나의 마음이 천천히 풀어지기 시작한다.

이 모든 변화는 대단한 결심이나 특별한 능력에서 비롯되지 않는다. 하루 10분, 조용히 앉아 호흡을 바라보는 일에서 시작된다. '이게 무슨 도움이 되겠어?' 싶을 만큼 사소하고 단순하지만, 놀랍게도 거기서부터 삶이 달라지기 시작한다. 우리가 감정을 조절하고, 타인을 이해하며, 자신의 중심을 지킬 수 있는 힘은 거창한 수련이 아니라, 일상의 작고 단순한 실천에서 비롯된다는 것을 명상은 조용하지만 확실하게 보여준다.

# 제로베이스
## : 투명한 렌즈로 세상을 보다

우리는 모두 각자의 삶에서 보이지 않는 짐을 짊어지고 살아간다. 불교에서는 이것을 '두카(dukkha)'라고 표현한다. 두카는 고통이나 불만족, 괴로움처럼 우리가 삶을 살아가는 동안 느끼는 모든 불편한 감정을 아우른다. 두카라는 개념을 처음 접했을 때 나는 낯설고 당황스러웠다. 인간은 태어나면서부터 고통을 마주할 수밖에 없는 존재라고 하니, 그 말은 마치 삶 자체를 비관적으로 바라보는 듯 느껴졌다.

하지만 시간이 지날수록 그 말의 진정한 의미가 와닿기 시작했다. 삶에서 크고 작은 어려움이나 고통을 마주할 때마다 두카라는 단어가 인간 삶의 현실을 정확히 묘사하고 있다는 생각이 들었다. 우리가 살아가는 한 이 짐은 계속 늘어나기도 하고, 때로는 줄어들기도 하지만 완전히 사라지지는 않는다. 인생은 불확실함의 연속이며 끊임없이 변하기 때문이다.

중요한 점은 두카의 무게가 모든 사람에게 동일하지 않다는 것이다. 같은 상황이라 할지라도 어떤 이에게는 가볍게 넘길 수 있는 일이지만, 또 다른 사람에게는 견디기 힘든 무게가 될 수 있다. 그래서 우리는 누구의 고통도 쉽게 판단하거나 비교해서는 안 된다. 두카는 철저히 개인적인 경험이며, 그 사람만이 온전히 알 수 있는 고유한 감각이기 때문이다.

그렇다면 두카를 없애는 것이 가능한가? 불가능하다. 하지만 명상은 두카와의 관계를 새롭게 정의한다. 고통은 없애는 것이 아니라, 그것을 바라보는 태도와 마음의 자세를 바꾸는 것에 달렸다. 명상의 본질은 내 안에 일어나는 감정과 생각, 외부의 자극과 상황을 억지로 바꾸려는 것이 아니라, 그것을 있는 그대로 알아차리는 데 있다. 마치 강가에 앉아 흐르는 강물을 지켜보듯, 감정을 밀어내거나 붙잡지 않고 그저 흘러가게 두는 것이다.

놀랍게도 이 '알아차림'만으로 두카는 더 이상 우리를 압도하지 못한다. 두카는 여전히 존재하지만, 우리는 그것에 휘둘리지 않게 된다.

명상은 마음속에 여백을 만든다. 그 여백은 곧 판단과 반응 사이의 거리이며, 그 거리만큼 우리는 자유로워진다. 불교에서는 이러한 상태를 '정견(正見)'이라고 한다. 정견은 팔정도(八正道)의 첫 번째 항목으로, 세상을 편견 없이, 왜곡 없이, 있는 그대로 바라보는 바른 시선을 의미한다. 정견은 단지 지식의 문제가 아니다. 정견은 감각이다. 명상을 꾸준히 하다 보면, 우리는 그 감각을 서서히 회복하게 된다. 정견은 위빠사나 명상(있는 그대로를 관찰하는 명상)과 사마타 명상(마음을 한데 모아 고요하게 만드는 명상)이 균형을 이루는 상태에서 더욱 선명하게 드러난다. 삶을 있는 그대로 바라보되, 한쪽으로 쏠리지 않는 중도의 상태다. 우리는 이 균형 속에서 고통과 평화를 동시에 안고 살아가는 힘을 얻게 된다.

사람은 살아온 경험을 하나하나 데이터처럼 축적하며, 축적된 정보를 바탕으로 세상을 바라본다. 지금 이 글을 읽고 있는 당신도 어쩌면 당신만의 세계에서 이 문장을 마주하고 있을지 모르겠다. 어떤 이는 빨간색 렌즈를 쓰고 세상을 보고, 어떤 이는 파란색 렌즈를 쓰고 본다. 누군가에게는 같은 일이 기회처럼 보일 수도 있고, 또 다른 누군가에게는 위협처럼 보일 수도 있다. 하나의 사건을 각자 다른 해석으로 받아들이는 이유가 여기에 있다.

명상은 이 색안경을 투명한 렌즈로 바꿔주는 힘을 가지고 있다. 꾸준한 명상을 통해 우리는 점차 나의 감정, 생각, 반응을 구분해서 바라볼 수 있게 된다. '아, 내가 지금 불안해하고 있구나.', '이건 내가 과거에 겪은 경험 때문에 과도하게 반응하고 있는 거구나.'라고 스스로의 감각을 있는 그대로 바라보게 되면, 우리는 더 이상 자신이 쓴 색안경에 갇혀 살지 않게 된다. 판단보다는 관찰이, 반응보다는 여유가 먼저 자리 잡는다.

명상은 나를 초기화하고, 삶을 새롭게 빚어주는 시간이다. 이 과정을 통해 마음은 자연스럽게 정화되고, 삶은 점점 투명해진다. 어제까지 당연하게 여겼던 것이 새롭게 느껴지고, 보이지 않던 부분이 선명하게 다가온다. 마치 흐릿한 초점에서 고화질 화면으로 전환되는 것처럼 명상은 우리가 세상을 바라보는 감도의 차원을 바꿔놓는다. 빨간색은 단지 빨간색

이 아니고, 거기엔 수많은 채도와 명도가 담겨 있다는 사실을 감각적으로 알게 된다.

나의 경우, 이전까지 나의 안테나는 철저히 외부를 향해 있었다. 세상이 요구하는 것, 타인의 기대, 환경이 만들어내는 자극들에 반응하며 살아가던 나에게 명상은 새로운 방향성을 제시했다. 나의 시선을 바깥에서 안으로 돌리는 계기가 되었던 것이다.

나에게 명상은 지금 이 순간 내 몸과 마음, 그리고 영혼 사이의 불협을 조율해 가는 시간이었다. 흐트러진 리듬을 다시 맞추고, 미세하게 어긋났던 것들을 다듬어 나 자신과의 조화를 회복해 가는 과정이었다.

또한 명상은 내 안에 쌓인 과거의 데이터, 고정관념, 감정의 찌꺼기들을 씻어내고, 다시 제로베이스에서 세상을 마주하도록 도와주는 연습이기도 했다. 결국 처음부터 새롭게 보는 눈, 지금 이 순간을 이전의 기억이나 기대, 두려움 없이 있는 그대로 받아들이는 힘. 그것이 명상이 가져다주는 변화이며 우리가 다시 지금, 여기에 존재할 수 있게 해주는 힘이다.

명상이 일상으로 들어오면 세상을 바라보는 시야가 달라진다. 이전까지 삶의 모든 것을 낮은 해상도로 뭉뚱그려 바라봤다면, 명상은 우리의 시야를 고화질로 전환시킨다. 이 과정에서 가장 먼저 깨닫게 되는 것은 내가 가진 모든 것이 당연한 것이 아니라는 사실이다. 내가 살고 있는 집, 내가 입는 옷, 내가 먹는 음식, 내 주변의 사람들까지. 이전엔 익숙함에 가려져 감사함을 느끼지 못했던 것들에서 행복을 발견하게 된다.

명상은 감사의 마음을 심어줄 뿐 아니라, 삶을 선택적으로 살아가는 힘을 준다. 흘러가는 대로, 누군가 이끄는 대로 살아가는 대신, 명상을 통해 스스로의 선택에 집중하게 된다. 그 선택들은 단순해 보이지만, 삶을 더 주체적으로 살아가게 만들어준다.

명상은 단순히 우리를 과거로부터 해방시키는 것이 아니다. 명상은 우리를 매 순간 새롭게 태어나게 하는 과정이다. 명상을 통해 우리는 이전의 경험이 만들어낸 해석의 틀에서 벗어나 현재에 존재하게 된다. 과거의 데이터와 미래의 불안이 아닌, 현재 순간에 온전히 머무르며 진정한 감각과 연결된다.

    결국 명상은 단순히 마음을 다스리는 수단이 아니다. 명상은 우리가 삶을 더 풍요롭고 선명하게 바라볼 수 있도록 돕는 도구다. 명상은 우리를 다시 제로베이스로 되돌려, 삶의 모든 것을 새롭게 경험할 수 있게 한다. 삶 전체로 놓고 보면 명상은 일종의 '데이터 초기화' 작업이다. 그리고 매일의 순간마다, '나'라는 컴퓨터 안에서 휴지통을 비우고, 때로는 시스템을 껐다 켜는 '재시작 버튼'과도 같다. 우리가 일상에서 쌓아온 무의식의 잔여물들, 과거의 감정 찌꺼기들, 불필요한 오해의 파일들을 정리해 더 가벼운 상태로 돌아가도록 돕는다.

    명상을 매일 실천한다면, 단 10분이라도 꾸준히 지속한다면, 삶은 이전보다 더 선명해지고 더 감사하게 변할 것이다. 명상은 우리가 과거의 틀과 관성에서 벗어나 세상을 새롭게 보는 눈을 열어준다. 우리는 명상을 통해 언제든 새롭게 태어날 수 있다. 나의 오감은 다시 순수해지고, 매 순간의 경험은 더 진정성 있게 다가온다. 그것이 바로 명상이 주는 가장 큰 선물이다.

# 자의식의 해체, 세상과의 연결

 자의식이 지나치면 오히려 나를 옥죄게 된다. 성찰은 때로 유익하지만, '내가 어떻게 보일까?'에만 머물면 결국 세상과 나 사이에 두꺼운 벽이 생긴다. 명상은 나에게만 집중하기 위한 도구가 아니다. 오히려 나의 생각, 감정, 몸의 반응들을 깊이 들여다본 끝에 다른 사람, 그리고 이 세계와 연결되는 감각을 회복하게 만든다. 자의식의 해체란 나를 없애는 것이 아니라 나를 투명하게 만드는 일이다. 나를 통해 너를 보고, 너를 통해 세상을 보고, 결국 '우리'라는 존재의 미묘한 연결감을 느끼게 되는 것이다.

 나라는 틀에 갇히면 세상을 오로지 나의 기준으로만 바라보게 된다. 그러나 이 연결을 방해하는 것이 바로 스스로에게 너무 집착된 시선이다. "저 사람은 옷을 왜 저렇게 입지?", "이 사람은 착해서 좋아." 같은 판단과 분별은 결국 1인칭이라는 인식의 틀 안에서 나온 것이다. 명상은 그 틀을 조금씩 느슨하게 만들어준다. 나의 감정과 반응을 반복해서 들여다보다 보면, 어느 순간 타인을 이해하는 마음도 깊어진다.

타인에게서 나의 일부를 보게 되고, 나 역시 누군가의 일부일 수 있음을 받아들이게 된다. 그렇게 우리는 선명한 경계선이 아니라, 서로 겹치는 파동처럼 연결되어 있음을 체감한다. 이 감각은 사람을 넘어 동식물, 계절의 흐름, 바람과 빛 같은 자연의 움직임까지도 나의 일부처럼 느끼게 해준다. 세상은 더 이상 외부가 아닌 내 안에서 함께 숨 쉬는 생명으로 다가온다.

'지금의 나'는 수많은 선택의 기로 끝에 흘러온 하나의 가능성일 뿐이다. 그때 다른 길을 선택했다면, 전혀 다른 삶을 사는 내가 있었을 것이다. 그렇게 생각하면 지금 낯설게 느껴지는 누군가의 삶도 어쩌면 내가 될 수도 있었던 삶이다. 타인의 삶을 바라보는 관점이 바뀌기 시작할 때, 존재에 대한 연민이 자연스레 마음에 깃든다.

삶이 단 한 번의 장면이 아니라 수많은 가능성의 누적이라면, 지금 내 앞에 있는 타인뿐 아니라 동물, 식물, 미물, 말을 하지 못하는 존재들까지 모두가 하나의 삶의 흐름 안에 있는 '우리'일 수 있다. 그들에게 함부로 대한다는 것은 결국 나 역시 존재의 흐름 속 하나임을 부정하는 태도일 수 있다. 나와 다름을 배제하려는 순간, 나 또한 존재의 존엄 안에서 멀어지게 된다.

명상은 나와 타인의 경계를 허물고, 모든 존재와의 관계 안에서 더 깊은 자각과 책임을 길러낸다. 명상은 단순히 자아를 비우는 것을 넘어, 존재 전체를 향한 연민의 시선으로 세상을 바라보도록 이끈다.

> **명상 팁 박스**
>
> ### 미움도 사랑으로 채우는 자애 명상
>
> 의자나 바닥에 앉아 눈을 감고 호흡에 집중해 봅니다. 호흡이 고요해진 상태가 되면 나를 향해 부드러운 시선을 보내봅니다. 나에 대해 어떤 감정이 들어와도, 그것 역시 온전히 이해할 수 있는 건 바로 나 자신임을 수용합니다. 자애 명상은 나 자신과 조용히 화해하는 과정입

니다. 지금 이 시간, 나를 가장 이해하고 사랑하는 사람이 되어 따뜻하게 안아줍니다. 그리고 천천히 이렇게 말해봅니다.

"내가 안전하고 평온하기를, 나에게 미움이 없기를, 나에게 근심이 없기를, 내가 행복하기를 기원합니다."

다음으로 내가 사랑하는 주변인들에게도 마음을 보내봅니다.

"○○이 안전하고 평온하기를, ○○에게 미움이 없기를, ○○에게 근심이 없기를, ○○이 행복하기를 기원합니다."

지금 이 순간 마음속에 떠오르는 사람들의 얼굴도 떠올려봅니다. 그 사람들을 향해 부드러운 시선을 보내봅니다.

"○○이 안전하고 평온하기를, ○○에게 미움이 없기를, ○○에게 근심이 없기를, ○○이 행복하기를 기원합니다."

마지막으로, 불편한 감정이 드는 사람들을 떠올려봅니다. 말로 표현하기 어려운 감정이 올라와도 괜찮습니다. 감정 너머의 그들을 더 넓어진 나로서 바라봅니다.

"○○이 안전하고 평온하기를, ○○에게 미움이 없기를, ○○에게 근심이 없기를, ○○이 행복하기를 기원합니다."

내 숨에 맞춰 한 번씩 천천히 되뇌어봅니다.

Q. 지금 내 마음 안에 이해되지 않는 감정들이 남아 있나요?

_____

그 감정을 내가 사랑하는 사람이 느끼고 있다면, 뭐라고 말해주고 싶나요?

_____

# Doing에서 Being으로

 한 달 동안 절에서 생활하고 일상으로 돌아와서 가장 강렬하게 남은 순간은 의외로 사소한 장면이었다. 바로 절에 처음 발을 들이던 순간이다. 1분 전까지만 해도 도시의 소음과 자동차 매연 속을 헤치며 살아가던 내가 그 문턱을 넘는 순간 마치 완전히 다른 세계로 들어온 듯한 감각을 느꼈다. 공기는 맑았고, 모든 소리가 차분해졌으며, 시간마저도 느리게 흐르는 것 같았다.

 하지만 진짜 중요한 깨달음은 그다음에 찾아왔다. 며칠간의 절 생활을 통해 마음을 비우고, 걷고, 명상하고, 숨을 고르던 어느 날, 문득 이런 생각이 떠올랐다.

 '그저 숨 쉬고 있는 존재 자체로도 충분하구나.'

어쩌면 너무나 당연하기도 한 이 말이 마음 깊은 곳까지 파고들었다. 우리는 아무것도 하지 않아도, 세상에 뭔가를 증명하지 않아도, 살아 있다는 것만으로 이미 충분하다는 사실을, 그 순간 처음으로 온몸으로 실감했다.

인간이라는 단어는 영어로 Human Being, 존재 그 자체를 뜻한다. 하지만 우리는 대부분 'Human Doing'처럼 살아간다. 끊임없이 무언가를 하며 살아간다. 성공해야 하고, 성과를 내야 하고, 사랑받아야 하며, 뭔가 대단한 일을 해야만 의미 있는 사람처럼 느껴진다. 누가 시키지 않아도 아침에 일어나 하루의 할 일 목록을 떠올리고, 밤이 되면 뭔가 더 하지 못했다는 죄책감을 안고 잠자리에 든다.

내일은 더 잘해야지, 이번엔 더 많이 성취해야지. 그런 다짐이 습관처럼 반복되지만, 그 안에 있는 나는 점점 지쳐간다. 그렇게 우리는 더 많이 해야만 더 나은 내가 될 수 있다는 전제 속에 스스로를 몰아붙이며 산다. 성취는 생존을 위해 반드시 필요한 일이다. 하지만 어디까지 몰아붙여야 하는 거고, 그 범위는 누가 정했을까? 그러다 문득 멈춰 설 때, 이런 질문이 찾아온다.

'나는 지금 어디를 향해 이렇게 달리고 있는 걸까?'

절에 머물던 시간 동안, 내가 가장 많이 했던 일은 '아무것도 하지 않는 것'이었다. 그저 앉아 있고, 걷고, 숨을 쉬고, 눈을 감고 들려오는 자연의 소리에 귀를 기울였다. 처음에는 무척 낯설고 불편했다. 무언가 하지 않고 가만히 있는 나 자신이 게으르고 무의미하게 느껴졌다. 마치 시간을 낭비하는 기분이었다. 하지만 점점 그 고요가 좋아지기 시작했다. 그리고 어느 순간, 내 안 깊은 곳에서 이런 목소리가 들렸다.

'이대로도 괜찮아.'

단순한 위로나 자기합리화가 아니었다. 내가 나 자신을 있는 그대로 받아들였다는 아주 명확한 인식이었다. 더 잘하려 애쓰지 않아도 괜찮고, 지금 이대로도 존재 가치가 있다는 깨달음의 순간이었다. 머리로 이해되는 게 아닌 마음 깊은 곳에서 울리는 진실이었다.

우리는 끊임없이 무언가에 도달하려 하거나, 므언가를 이

루려 하며 살아간다. 하지만 아이러니하게도 진정한 만족은 더 많은 걸 추구함으로써 오는 것이 아니라, 있는 그대로의 나를 온전히 받아들이는 시간에서 온다. 그게 바로 Being이다.

인생에 Doing이 필요 없다는 건 오해다. 우리는 여전히 일을 하고, 관계를 맺고, 목표를 향해 나아가야 한다. 하지만 Doing이 전부가 되거나 Doing 자체가 잠식하는 삶은 우리를 쉽게 소진시킨다. 오히려 진짜 삶의 만족과 평화는 Doing과 Being의 '균형'에서 시작된다. 명상을 통해 우리는 그 균형을 연습할 수 있다. 아무것도 하지 않아도 되는 시간, 어떤 성과도 없어도 괜찮은 시간 속에서 우리는 점점 본래의 자신에게로 돌아간다.

"존재하는 것만으로도 충분하며 온전하다."

이 진실을 깊이 깨닫게 되면, 우리는 더 이상 누구에게도 나를 증명할 필요가 없어진다. 그저 존재하는 지금의 나로 이미 충분하다.

Being의 상태에서는 세상이 선명해진다. 아침에 마시는 따뜻한 물 한 잔, 베란다에 핀 작은 꽃, 스치는 바람의 감촉까지, 모든 게 유난히 또렷하게 느껴진다. 평범했던 숨결조차 찬란하게 다가온다. 존재하는 순간마다 고요한 감사가 채워지는 감각을 경험한다. 반면, 우리가 해야 할 일들에만 휩쓸릴 때 이런 작은 기적들은 금세 흘려보내기 쉽다. 하지만 무언가 해야만 한다는 프레임을 벗고, 있는 그대로 느끼며 살아갈 때 삶은 더 이상 도전 과제가 아니라 나를 데려가는 여행이 된다.

명상은 나를 존재로 돌아가게 한다. 더 이상 누구와 비교하지 않고, 더 이상 나를 몰아붙이지 않으며, 지금 이 자리의 나로서 이미 괜찮다는 것을 알게 된다. 그리고 이 존재감을 바탕으로 우리는 삶의 모든 장면과 더 깊이 연결된다. 누군가와 마주할 때도, 홀로 고요히 있는 시간에도, 어떤 상황이 닥쳐와도 흔들림 없이 나 자신으로 존재할 수 있게 된다.

명상은 단순히 현재를 잘 사는 방법이 아니라, 존재하는 나 자신과 다시 연결되는 길이다. 그 안에서 우리는 스스로를 신뢰하게 되고, 타인을 부드럽게 품을 수 있으며, 세상을 좀 더 넓고 따뜻한 시선으로 바라보게 된다.

## Human Being, 그것만으로도 충분하다

우리는 끊임없이 무언가를 증명하며 살아야만 하는 존재가 아니다. 더 빠르게, 더 많이, 더 잘 살아야 한다는 강박 속에서도 실은 '존재하고 있다'는 것만으로 이미 귀하고, 의미 있는 삶을 살고 있다. 명상은 이 사실을 기억하게 해준다. Doing을 조금 줄이고, Being의 시간을 늘려보는 것만으로도 삶은 훨씬 덜 지치고, 마음은 더 유연해진다.

가끔 우리는 너무 바빠서 내가 어디로 가고 있는지조차 잊는다. 할 일은 넘치고, 알림은 끊이지 않고, 사람들과의 관계도 버겁기만 할 때, 문득 이런 질문이 떠오른다. "나는 지금 왜 이러고 있는 거지?" 이 순간이 바로, 나로 향하게 하는 신호다. 존재가 보내는 미세한 SOS다.

"잠깐 멈춰. 네가 원하는 방향은 이게 아니었잖아."

명상은 '멈추는 용기'를 알려준다. 그리고 그 멈춤 속에서 나를 진짜 나답게 만들어온 것들이 과연 내 안에서 비롯된 것인지 묻게 한다. '나는 진짜 나로서 살고 있었을까?' 처음엔 단순한 질문 같지만, 가만히 들여다보면 내 삶의 많은 부분이 사회가 정해준 틀, 타인의 기대, 어릴 적 누군가의 말과 표정 속에서 시작되었다는 걸 알게 된다.

게다가 우리는 가치관이 본격적으로 형성되기도 전에 가족과 보내는 시간 속에서 은연중 영향을 받는다. 어릴 적 부모나

보호자가 무심코 던진 말, 반복되던 반응과 분위기 속에서 '당연한 나'라는 틀이 조용히 쌓여간다. 그것이 내가 스스로 선택했다고 믿어온 것들의 시작점이었을지도 모른다. 또한, 하루 중 가장 많은 시간을 함께하는 이들과의 대화 속에서도 무의식 깊숙이 들어온 타인의 가치관들이 자리를 잡는다.

그렇다면 진짜 '나'는 어디에 있었을까? 내가 선택했다고 믿었던 것들이 정말 내 안에서 비롯된 걸까? 아니면 단지 익숙해서, 배워서, 그렇게 믿도록 길들여졌던 건 아닐까?

### 의식적인 삶의 시작

우리는 어느새 Doing의 힘에 너무 익숙해져 있다. 뭔가를 하지 않으면 불안하고, 가만히 있는 나 자신이 게을러 보이기까지 한다. 그러나 진정한 변화는 '무엇을 하느냐'보다 '어떻게 존재하느냐'에서 시작된다. 그것이 바로, 의식적인 삶이다.

의식적인 삶이란, 지금 이 순간을 그대로 바라보며 나의 중심을 유지하는 삶이다. 누가 뭐라 하든, 외부 자극이 어떻든, 나의 내면이 어디로 향하고 있는지를 끊임없이 점검하고 조율하는 것이다. '내가 진짜 원하는 삶의 방식은 무엇인가?', '이 선택이 나에게 어떤 감각을 주는가?'라는 질문들에 귀 기울이는 삶이다.

명상은 이 질문에 대한 가장 진실한 답을 들려준다. 명상을 하면 삶의 소음 사이에서 미묘하지만 분명한 내면의 목소리가 들리기 시작한다.

"지금 내 안은 어떤 상태인가?"

이 단순하지만 강력한 질문은 삶의 방향을 다시 세우게 만든다. 의식적인 삶은 거창하지 않다. 하루를 시작할 때 가벼운 스트레칭을 할지, 허둥지둥 시간에 쫓기며 나갈지. 누군가의 말에 화가 날 때, 그 감정을 어떻게 다룰지. 이 모든 사소한 순간에 스스로 묻고 선택하는 삶이다.

"나는 어떻게 반응하고 싶은가?", "지금 이 선택은 나를 존중하는 방식인가?" 이와 같은 질문을 스스로에게 던지고, 거기에 깨어 있게 응답하는 것이 곧, 매일의 명상이자 삶의 연습이다.

의식적인 삶을 살아가다 보면, 더 이상 세상의 기준에 휘둘리지 않게 된다. 남들이 무엇을 하든, 누가 나를 어떻게 평가하든, 내 삶의 방향을 스스로 선택할 수 있게 된다. 그리고 그 선택에서 오는 내면의 안정감은 어떤 성취나 칭찬보다 더 깊은 만족을 준다.

의식적으로 살아간다는 건 나 자신과의 관계를 정직하게 만드는 일이다. 억지로 좋은 사람인 척, 완벽한 사람인 척하지 않고 있는 그대로의 나와 마주하는 용기를 갖는 것이다. 지금 내가 지친 이유, 내가 느낀 감정의 뿌리, 내가 진짜 원하는 것과 지금 하고 있는 것 사이의 거리, 이 모든 것을 진심으로 들여다보는 시간, 명상은 그 시간을 허락해 준다.

하루 10분이라도 눈을 감고 나에게 질문해 보자. "지금 나는 파도에 휩쓸리고 있는가, 그 중심에서 서핑하고 있는가?", "이 선택은 내 본질과 일치하는가?" 이 질문에 자주 귀 기울일수록 우리는 스스로에게 더 가까워진다. 그리고 그 중심에서 선택한 행동은 더 이상 흔들리지 않는다. 삶은 단단해진다.

의식적인 삶은 속도보다 방향을 중시한다. 빠르게 달리는 삶이 아니라, 나에게 맞는 걸음으로 걷는 삶이다. 그 길 위에서 우리는 비로소 누군가 만들어준 삶이 아닌, 내가 선택한 삶, 내가 책임질 수 있는 삶, 내가 사랑할 수 있는 삶을 살기 시작한다.

우리는 인간이라는 복잡한 존재로 태어났다. 수많은 감정, 기억, 관계 속에서 복합적으로 살아가는 존재다. 그러니 더욱더 의식적인 선택을 통해 나를 보호하고, 나를 아끼며, 나답게 살아가야 한다.

삶은 성취해야 할 과제가 아니다. 그저 느끼고 살아가야 할 여정이다. 그 과정 속에서 우리는 단순한 존재가 아니라, 고유하고 빛나는 생명으로 살아갈 수 있다.

# 제3의 눈
## : 삶을 꿰뚫어 보는 또 하나의 감각

 명상. 단어에서부터 괴리감이 느껴질 때가 많다. 너무 추상적이거나, 어렵고 먼 이야기처럼 느껴지기도 한다.

- 명상은 마음을 비우는 것
- 명상은 생각을 멈추는 것
- 명상은 영적인 수련

 이런 정의들을 들어보았지만, 어딘가 와닿지 않는다. 명상은 그보다 훨씬 더 현실적이고 강력한 도구다. 내가 누구인지, 지금 어디에 있고 어디로 가야 할지를 스스로 깨닫게 해주는 힘을 길러준다. 그게 바로 명상의 본질이다. 이 책에서 말하는 제3의 눈을 뜨는 과정이란, 눈에 보이는 현실 너머의 방향성을 찾는 일이다. 더 큰 시야로 나를 바라보고, 삶을 다시 정렬하는 방법이다.

명상은 종교적이거나 신비로운 개념이 아니다. 종종 불교나 영성 철학에서는 제3의 눈이라는 용어가 등장하곤 하는데, 여기서 말하는 '눈'은 물리적인 기관이 아니다. 그것은 내면 깊은 곳의 감각, 본질을 분별하는 힘, 직관에 더 가깝다. 명상을 하다 보면 외부 자극에 휘둘리던 삶에서 벗어나 조금 더 고요한 상태에서 진짜 내 감정, 감각, 직관의 소리에 귀를 기울이게 된다. 이 감각이 열릴 때, 우리는 방향 없이 흔들리던 삶 속에서 중심을 잡게 된다.

우리는 평소 대부분을 육체적 감각과 생각에 갇혀 살아간다. 피곤함, 긴장감, 감정 기복에 따라 나를 정의하고, 불안을 진짜 감정인 양 착각하며 살아간다. 하지만 명상은 그 바깥에도 내가 있다는 걸 보여준다. 단순히 가만히 앉아 눈을 감는 시간 안에서 사람들은 종종 자신 안에 또 다른 감각이 깨어나는 경험을 한다. 몸의 감각을 넘어 아주 미세한 생각의 흐름이나 마음의 움직임, 혹은 설명하기 어려운 직감 같은 것들을 포착하게 되는 것이다. 마치 내가 나를 더 명확하게 바라보는 또 하나의 눈이 열린 느낌이다.

삶이 혼란스러울 때, 선택의 기로에서 방향이 모호하게 느껴질 때, 명상은 그 갈피를 잡는 데 도움을 준다. "지금 나는 어떤 상태인가?", "이 감정은 어디서 비롯된 걸까?", "내가 진짜 원하는 건 무엇이지?" 같은 질문을 던지게 하고, 그 답을 밖이 아니라 내 안에서 찾게 만든다. 이 과정은 마치 시야를 저해상도에서 고해상도로 바꾸는 것과 비슷하다. 뭉뚱그려 보였던 삶의 순간들이 점점 또렷하게 보이기 시작한다.

명상은 복잡한 이론을 배우는 것이 아니라, 단순한 연습을 통해 내가 나와 다시 연결되는 방식이다. 숨을 들이쉬고 내쉬는 아주 기본적인 행위 안에서 우리는 무심코 지나쳤던 감각을 다시 발견한다. 그리고 이 과정을 통해 우리는 단순히 '존재하는 것'만으로도 충분하다는 감각에 닿게 된다.

삶의 방향이 흔들릴 때, 외부의 소음이 너무 커질 때, 그럴 때일수록 내 안으로 돌아가는 연습이 필요하다. 명상은 그 시작점을 만들어준다. 더 똑똑해지거나 대단해지는 게 아니라 지금, 여기, 나의 삶을 있는 그대로 바라보게 해주는 것이다. 그렇게 우리는 제3의 눈을 통해 삶을 새롭게 바라볼 수 있다.

> **명상 팁 박스**
>
> **감정의 파도 속에서 숨부터 돌보기**
>
> 감정이 휘몰아칠 때 잠시 고요히 숨을 관찰해 봅니다. 마음이 가는 공간이어도 좋고, 지금 이 자리여도 좋습니다. 가장 편안한 자세로 앉아봅니다. 바닥에 아빠다리를 하고 앉거나 의자에 앉아도 괜찮습니다. 허리는 부드럽게 펴고, 어깨 힘은 털어냅니다. 손바닥은 하늘을 향하게 하고, 무릎 위에 가만히 내려놓습니다. 눈은 되도록이면 감아봅니다.
>
> 코로 숨을 깊게 들이쉽니다. 잠시 멈췄다가 들이쉰 숨보다 조금 더 길게 내쉬어봅니다. 다시 한번, 숨을 깊게 들이쉬고, 천천히 내쉬어봅니다. 어떤 감정이 떠오르든 어떤 생각이 스쳐가든 나는 온전합니다. 그저 떠오르는 것들을 알아차리는 것만으로도 충분합니다. 마지막으로 배 위에 손을 올리고 따뜻함을 느껴봅니다.

**Q. 지금 내 안에 가장 강하게 떠오르는 감정은 무엇인가요?**

_____

**그 감정에 살짝 이름표를 붙여볼 수 있다면, 어떤 이름일까요?**

_____

# 여성성과 남성성의 균형을 찾아서

 명상을 통해 내가 가장 놀랐던 변화 중 하나는, 그동안 무의식 깊숙이 묻어두고 있던 '성 에너지'의 흐름을 인식하게 되었다는 점이다. 나는 이전까지 성 에너지를 단순히 성적인 에너지로만 여겼다. 육체적 욕망과 관련된 본능, 혹은 억제하거나 통제해야 할 무언가로 생각했다. 하지만 명상을 통해 내면을 들여다보기 시작하면서, 이 에너지가 단순한 생식의 영역을 넘어 삶 전체에 퍼져 있는 생명력, 창조성, 존재의 의지라는 것을 알게 되었다.

 성 에너지는 단지 섹슈얼리티에 국한되지 않는다. 성 에너지는 내가 지금 이 순간 살아있다는 감각, 뭔가를 만들고자 하는 욕망, 세상과 연결되고자 하는 열망, 그리고 나를 그대로 표현하고자 하는 용기와 닮아 있다. 이 에너지가 흐르지 않으면 삶은 건조하고 피곤해진다. 아무리 충분히 자고, 운동을 해도 어딘가 막혀 있는 느낌, 깊은 곳에서 무언가가 멈춰 있다고 속삭이는 기분이다.

현대 사회는 빠르고 효율적이며, 경쟁 중심으로 움직인다. 이 속도감 있는 시스템은 자연스럽게 '밀고 나아가는 힘'에 집착하게 만든다. 남성성 에너지는 목표를 향해 직진하고, 결과를 만들어내고, 책임지고, 성취하는 힘이다. 물론 이 에너지는 생존을 위해 반드시 필요하다. 하지만 어느 순간 우리는 이 에너지만을 강조하고, 반대편에 있는 여성성 에너지(머무는 힘, 기다리는 힘, 수용하는 힘)을 잊고 살아간다.

나 역시 그랬다. 더 많이 노력하고, 더 많이 성취하고, 더 많이 참아야 하는 게 미덕이라 여겼다. 쉬는 건 시간을 허비하는 거라며 죄책감을 느꼈고, 무기력한 나를 용납할 수 없었다. 나약해지는 건 죄악이며, 타인과의 비교 속에서 나를 끊임없이 몰아붙였다. 그 결과 내 안에서 어떤 균형이 무너지고 있었다. 명상을 하며 그 감각을 알아차리기 전까지는 무너진 균형의 이름이 무엇인지조차 몰랐다.

명상은 나를 천천히 멈추게 했다. 억지로 끌고 가던 것을 멈추고, 자연스럽게 흐르는 것을 허락하기 시작했다. 조급함보다 여유, 경쟁보다 수용, 판단보다 관찰이 나의 내면에서 자라기 시작했다. 무엇보다 중요한 변화는, 나 자신을 다그치는 대신 품어주는 태도를 배웠다는 것이다. 잘하고 싶어서 애썼던 모든 순간에 나는 나를 너무 몰아세우고 있었다. 그때 비로소 나의 여성성 에너지가 긴 시간 동안 억눌려 있었다는 것을 알게 되었다.

  이건 단지 여성만의 문제가 아니다. 모든 사람 안에는 여성성과 남성성, 두 에너지가 동시에 존재한다. 그리고 이 에너지는 언제나 균형을 필요로 한다. 한쪽으로만 치우친 삶은 결국 왜곡된다. 지나치게 남성성에만 의존하면 경쟁과 피로, 통제와 억압 속에서 내면이 말라간다. 반대로 여성성에만 머물러도 추진력이나 결정력이 부족해질 수 있다. 중요한 건, 두 에너지를 '균형 있게 흐르게 하는 것'이다.

  명상은 그 균형을 되찾는 길을 열어준다. 무너졌던 자리 위로 다시 고요한 물줄기가 스며든다. 내가 멈춰도 괜찮다는 허락, 내가 창조할 수 있다는 믿음, 내가 받아들일 수 있다는 용기, 내가 나아갈 수 있다는 확신, 이 모든 것이 함께 흐를 때 삶은 비로소 더 자연스럽고 건강하게 펼쳐진다. 에너지의 흐름이 막힘없이 돌아갈 때, 우리는 더 창조적이고 직관적인 사람이 된다.

  나는 이제 '잘하려는 나'만이 아니라 '존재하는 나'를 사랑할 수 있게 되었다. 그리고 이 존재는 성 에너지라는 생명력과 깊이 연결되어 있다. 에너지가 돌아오기 시작하자 몸이 먼저 반응했다. 억눌렸던 감정이 흘러가기 시작했고, 오랫동안 쥐고 있던 집착과 두려움이 서서히 녹아내렸다. 사랑받기 위한 존재가 아니라, 사랑 그 자체가 되는 감각. 더 주지 않아도, 더 가지지 않아도, 그냥 나로 존재하는 것만으로도 충분하다는 평화. 그것이 성 에너지가 회복된 상태이자, 나라는 존재가 균형을 되찾아가는 과정이었다.

# 감정의 패턴을 바꾸는 명상의 힘

우리는 종종 '마음을 다스린다'는 말을 한다. 하지만 그 마음이라는 건 어디에 있는 걸까? 과학자들은 뇌를 통해 감정이 만들어진다고 본다. 흥미롭게도 애착 유형에 따라 뇌의 구조와 기능이 다르게 나타난다는 연구도 있다. 안정 애착을 가진 사람들의 뇌는 감정 조절의 중심인 전두엽이 더 발달되어 있고, 불안과 공포를 관장하는 편도체는 적절한 수준으로 안정되어 있으며, 새로운 관계 경험을 학습하고 갱신하는 해마도 더 활발히 작동한다고 한다. 이 말은 우리가 안정 애착을 가지기 위해서는 단순히 생각이나 의지만으로는 부족할 수 있다는 걸 보여준다. 뇌 자체가 바뀌어야 애착도 바뀐다는 것이다.

그렇다면 뇌 구조를 바꿀 수 있을까? 그 대답이 바로 '명상'이다. 명상을 꾸준히 수행하면, 실제로 편도체의 과도한 활동이 줄어들고 전두엽이 활성화된다는 수많은 뇌영상 연구들이 존재한다. 한마디로 명상은 '안정 애착의 뇌'를 훈련하는 도구가 될 수 있는 것이다.

불안한 애착을 가진 사람들은 보통 감정의 파도에 쉽게 휩쓸린다. 누군가의 말 한마디에 하루의 기분이 무너지고, 사소한 거절에 자존감이 흔들린다. 이런 상태에서는 '나는 원래 그런 사람이야.'라고 믿기 쉽다. 하지만 뇌는 유연하다. 가소성이라는 성질 덕분에 우리는 새로운 감정 패턴을 학습할 수 있다. 바로 명상이라는 고요한 반복을 통해서 말이다. 명상은 단지 조용히 앉아 있는 행위가 아니다. 그 안에는 수천 번의 알아차림과, 수천 번의 돌아옴이 있다. 그렇게 돌아오는 과정 속에서 우리는 조금씩 '안정된 나'를 재구성해 간다.

우리의 애착 유형은 어린 시절의 양육 경험과 환경 속에서 크게 영향을 받는다. 보통 애착 유형은 크게 세 가지로 구분된다.

- **안정 애착:** 감정 표현과 친밀함에 능숙하고, 상대를 신뢰하며 갈등 상황도 유연하게 풀어나간다.
- **불안 애착:** 사랑을 받기 위해 과도하게 매달리거나, 상대의 반응에 쉽게 불안을 느낀다.
- **회피 애착:** 친밀함을 두려워하거나 거리두기를 선호하며, 감정을 드러내는 데 어려움을 겪는다.

이 세 가지 유형은 선천적이라기보다는 경험과 기억을 통해 형성된 반응 패턴이다. 그리고 이 반응은 고착화되거나 바꿀 수 없는 성격이 아니라, 우리가 의식적으로 다루고 재구성할 수 있는 감정의 전략이다.

나 역시 한동안 회피 애착의 틀 안에서 관계를 맺어왔다. 겉으론 잘 지내는 사람처럼 보였지만, 가까운 관계에서까지 늘 일정한 거리를 두곤 했다. 힘든 일이 생기면 말하는 대신 혼자 해결하려 했다. 하지만 명상은 나의 애착 패턴을 하나씩 들여다볼 수 있는 공간이 되어주었다. 그렇게 조금씩 내 감정의 흐름을 관찰하게 되었고, 나도 몰랐던 내 안의 반응 패턴을 조용히 마주할 수 있었다.

명상은 뇌를 다루는 리추얼이다. 감정이 폭주하지 않도록 전두엽을 강화하고, 불안에 압도되지 않도록 편도체를 진정시키며, 상처받았던 과거와 화해하고 새로운 관계를 만들 수 있게 도와준다. 그리고 이것은 나처럼 '원래 안정 애착이 아닌 사람'에게도 충분히 가능한 변화다.

## 또렷함과 흐림 사이에서

쨍한 색채는 언제나 시선을 사로잡는다. 선명하고 강렬하며, 금방이라도 터질 듯한 에너지를 품고 있다. 그 강렬함은 빠르게 주목을 끌고, 쉽게 기억된다. 나 역시 그런 강렬함에 마음을 빼앗기곤 했다. 선명하고 뚜렷한 것들에 끌리고, 그런 이미지 속에서 확신 같은 걸 느꼈다.

그런데 어느 순간부터인가 부드럽고 은은한 색감에 더 오래 머물게 된다. 그러한 색감은 강하게 외치는 대신 조용하고 은근하게 다가온다. 빛이 바랜 듯 보이지만, 그 안엔 미묘한 명암과 따뜻한 여백이 있다. 선명하지 않아도 오래 남는 감정처럼 머무른다.

한때는 다수가 좋다고 말하는 방식대로 살아야 할 줄 알았다. 유명한 장소를 여행하고, 인기 있는 식당을 찾아다니며, 그곳에서 반드시 찍어야 할 사진을 남기는 일. 목적지를 빠르게 통과하고, 다음 해야 할 리스트를 향해 부지런히 움직이는 일. 그렇게 채워간 순간들이 많았지만, 아이러니하게도 정작 기억에 남는 장면은 별로 없다.

이제는 목적지보다 그곳에서 머무는 시간이 더 소중하게 느껴진다. 빠르게 걷기보다 잠시 멈추고 주변을 감각하는 법을 배우고 있다. 그곳의 공기와 냄새, 소리와 분위기를 오롯이 느끼는 일에서 진정한 여행의 맛을 느낀다. 어쩌면 살아간다는 것도 비슷한 방식일지 모르겠다. 어떤 결과를 달성하는 것보다 그 과정에서 감지되는 미묘한 감정과 감각들, 희미한 층위 속에서야말로 진짜 내가 보이기도 한다.

우리는 종종 세상을 너무 쉽게 양분하려 한다. 채식은 고결하고, 고기는 세속적이며, 명상을 하는 사람은 평화롭고, 술을 마시는 사람은 욕망에 휘둘리는 것처럼 말이다. 그런 이분법은 복잡한 인간의 결을 지워버리고, 서로 다른 삶의 형태를 하나의 틀에 끼워 맞춘다.

자연을 사랑하면서도 술을 즐길 수 있고, 내면의 균형을 좇으면서도 감각적인 것에 설렐 수 있다. 모든 욕망을 내려놓고 무소유의 경지에 이르러야만 온전하다고 믿을 필요도 없다. 때로는 욕망이 우리를 앞으로 나아가게 하는 힘이 되기도 한다. 중요한 건 감정이나 충동에 휩쓸리기보다 그것을 어떻게 바라보고 어떤 방식으로 다루는가 아닐까.

우리에겐 서로가 가진 모순을 끌어안는 용기가 점점 더 필요하다. 세속과 신성, 강함과 여림, 빛과 그림자. 이 모든 게 함께 존재한다는 사실을 수용하는 것. 복잡하게 얽힌 조합 속에서 지금의 내가 만들어졌다는 사실을 받아들이는 일. 그 마음이야말로 진짜 자유에 가까운 감각일지도 모른다.

나는 더 이상 단순하게 구획된 기준 속에서 살고 싶지 않다. 나를 구성하는 복합적인 감정들, 때론 서로 충돌하는 듯한 욕망들까지도 그대로 끌어안고 싶다. 예전엔 세속을 떠난 고요한 삶만이 이런 이야기를 가능하게 해준다고 믿었다. 하지만 그 믿음 또한 내가 만들어낸 하나의 상(想)에 불과했다는 것을 이제는 안다.

복잡한 현실 속에서도 우리는 충분히 고요할 수 있다. 완벽하게 정리된 모습이 아니어도 괜찮다. 모호하고, 불분명한 순간들을 있는 그대로 품는 마음이야말로 명상이고, 치유이며, 진정한 자유다.

   나는 점점 더 많은 사람들이 각자의 색으로 살게 되기를 바란다. 모든 순간을 쨍하게 칠할 필요는 없다. 때로는 흐릿하게, 은은하게, 서서히 번져가는 흐름 속에서 진짜 나와 조우할 수 있다면 그것만으로도 이미 충분히 아름답다.

# 더 많은 선택지가 아닌, 더 명확한 나를 위한 선택

에필로그

　삶에서 눈앞에 놓인 선택지가 단 두 개뿐이라면 간단하다. 더 나은 쪽을 고르면 된다. 하지만 현실은 늘 그렇게 단순하지 않다. 이 선택지도 괜찮아 보이고, 저 선택지드 매력적이다. 하나를 택하면 다른 하나를 놓쳐야 하기에 우리는 갈등하고 망설인다. 인간은 본능적으로 최선을 추구하는 존재지만, 선택지가 지나치게 많아지면 오히려 아무것드 선택하지 못한 채 주저앉고 만다.

　지금의 젊은 세대, 이른바 MZ세대는 이 복잡한 현실 속에서 살아가고 있다. 변화의 속도는 갈수록 빨라지고, 그에 적응하기 위해 머리는 늘 풀가동 상태다. 일과 인간관계, 불확실한 미래까지. 어디로 가야 할지 모른 채 미로를 헤매듯 살아가는 그들의 내면은 늘 무겁고 분주하다.

 이런 현실 속에서 줏대를 가져야 한다는 말이 때때로 잔인하게 들린다. 신념과 방향성을 지금 당장 정하라고 요구받는 듯한 압박. 하지만 자신의 스타일을 알아가는 것도 수많은 옷을 입어보며 깨닫듯, 줏대 또한 다양한 경험을 거쳐 천천히 자라나는 것이다. 한두 벌 옷밖에 입어보지 않은 이에게 취향을 당장 정하라고 말하는 것이 얼마나 무리한 일인가.

 현대 사회는 선택이 넘쳐난다. 반짝인다고 모두 진짜 보석은 아니다. 정교하게 흉내 낸 모조품이 뒤섞인 세상에서 무엇이 진짜인지, 누구의 말이 옳은지 점점 더 헷갈리기만 한다. 각종 정보는 실시간으로 쏟아지고, 때로는 굳이 알지 않아도 될 정보에조차 우리는 서서히 피로해진다.

 SNS에서는 셀럽이라 불리는 이들이 특정 제품이나 장소를 자랑하고, 사람들은 그 무리에 끼기 위해 끊임없이 자신을 증명한다. 뒤처지지 않기 위해, 부족해 보이지 않기 위해. 하지만 그렇게 휩쓸려가다 보면, 그 선택이 정말 나에게 맞는지조차 생각할 틈이 없다.

 더 비싼 것, 더 화려한 것, 더 많은 사람이 몰리는 것이 곧

선(善)처럼 여겨지고, 남들이 좋다 하니 나도 좋다고 말해야 할 것만 같은 분위기. 그렇게 나의 진짜 욕망과 감각은 점점 소외되고, 무엇이 진짜인지조차 모르게 된다.

하지만 이 모든 혼란 속에서도 한 가지는 분명하다. 사람은 결국 사랑받고 싶고, 사랑하고 싶은 존재라는 사실이다. 질투심, 인정 욕구, 성취에 대한 갈망, 더 사랑받고 싶은 욕망. 더 사랑을 나누고 싶은 마음. 그러나 그 순수한 욕망은 때때로 왜곡되고, 억눌리고, 소외된다. 그리고 그 억압은 결국 자기 자신과의 연결을 끊어버린다.

바로 이 지점에서 명상이 필요해진다. 명상은 단순히 마음을 비우는 행위가 아니다. 명상은 나 자신과 연결되는 시간이자, 세상의 소음에서 벗어나 내 안의 목소리를 다시 듣는 시간이다. 외부 자극과 욕망의 혼란 속에서 진짜 내면의 소리를 찾아가는 과정이다. 명상은 나의 진짜 욕망과 감정을 관찰하게 해주며 내가 누구인지, 무엇을 원하는지를 수면 위로 떠오르게 한다.

지금 우리에게 필요한 것은 더 많은 선택지가 아니라 더 명확한 자기 자신이다. 명상을 통해 우리는 더 이상 외부의 압박에 휘둘리지 않고, 스스로 선택하는 삶을 살아갈 수 있다. 단순한 힐링의 도구가 아닌, 삶의 주체성을 회복하는 근본적인 길이 되어준다.

명상은 누구나 할 수 있다. 머리를 깎고 절에 들어가야만 얻을 수 있는 것이 아니다. 우리는 도시의 삶, 속세의 바쁨 속에서도 명상을 통해 진짜 나를 발견할 수 있다. 수많은 선택지 앞에서도 흔들리지 않는 나만의 중심을 찾을 수 있다.

명상이 주는 자유는 나만의 방향성과 속도를 회복할 수 있게 해준다는 데 있다. 그 자유는 성취나 평가에서 오는 것이 아닌, 나답게 존재하는 순간에서 피어난다.

부록

# 차크라로 펼쳐보는 내면의 레이어

차크라(Chakra)는 산스크리트어로 '바퀴'를 뜻한다. 에너지의 중심, 혹은 몸과 마음의 교차점이라고도 표현된다. 요가와 아유르베다, 불교 명상 전통에 이르기까지 다양한 문화권에서 차크라는 단순한 신비주의가 아닌, 삶의 균형과 건강을 위한 실질적인 길잡이로 여겨져 왔다.

차크라는 단지 에너지의 흐름만을 의미하지 않는다. 각 차크라는 우리의 감정, 신체, 성격, 상처, 가능성과 연결되어 있다. 어떤 차크라가 막혀 있는지를 바라보는 일은 곧 자신에게 어떤 부분이 단절되어 있는지를 알아차리는 일이다. 그래서 이 부록은 지식이 아닌, 자기 인식의 지도로 활용되기를 바란다.

**1차크라**   뿌리 차크라, 물라다라 *Muladhara*

- **위치:** 척추 가장 아래, 회음부
- **색상:** 빨간색
- **연결된 신체:** 다리, 발, 골반, 면역계
- **핵심 에너지:** 생존, 안정감, 지지, 현실감각
- **불안정할 때 감지되는 신호:** 안전하지 않다는 느낌, 과도한 의존, 뿌리 없는 불안정함

뿌리 차크라는 '내가 이 세상에 단단히 존재하고 있는가?'를 묻는다.
생존에 필요한 조건이 불안정할 때, 가장 먼저 흔들리는 차크라이기도 하다.

## 2 차크라 — 성적 차크라, 스바디스타나 *Svadhisthana*

- **위치:** 아랫배, 생식기 주변
- **색상:** 주황색
- **연결된 신체:** 생식기, 방광, 신장
- **핵심 에너지:** 감정, 성적 에너지, 창조성, 친밀감
- **불안정할 때 감지되는 신호:** 죄책감, 억눌림, 친밀감 회피

스바디스타나 차크라는 나의 욕망과 감정, 창조성의 흐름과 관련되어 있다.

나의 감정이 정체되어 있거나, 내가 진짜 원하는 것을 표현하지 못하고 있다면 현재 성적 차크라가 닫혀 있을 가능성이 높다.

**3 차크라**   태양신경총, 마니푸라 *Manipura*

- **위치:** 명치, 복부 중앙
- **색상:** 노란색
- **연결된 신체:** 소화기관, 위, 간
- **핵심 에너지:** 자존감, 의지, 자기표현, 정체성
- **불안정할 때 감지되는 신호:** 분노 억압, 자기 부정, 경쟁 과잉

'나는 내 뜻대로 선택하고 행동할 수 있는가?'
스스로를 무가치하다고 느끼거나, 남과 비교하며 스스로를 작게 만드는 마음은 이 차크라가 약화되어 있을 때 자주 등장한다.

**4 차크라** ( 심장 차크라, 아나하타 *Anahata* )

- **위치:** 가슴 중앙
- **색상:** 초록색
- **연결된 신체:** 심장, 폐, 흉곽
- **핵심 에너지:** 사랑, 공감, 용서, 연민
- **불안정할 때 감지되는 신호:** 관계 회피, 집착, 미움, 정서적 고립

자신과 타인을 사랑할 수 있는 능력은 심장 차크라가 균형 잡혀 있을 때 피어난다.

상처가 많을수록 이 차크라는 쉽게 닫힌다. 하지만 그 어떤 차크라보다도 다시 열릴 가능성이 높은 곳이기도 하다.

| **5 차크라** | **목 차크라, 비슛디** *Vishuddha* |

- **위치:** 목과 인후부
- **색상:** 파란색
- **연결된 신체:** 갑상선, 성대, 목
- **핵심 에너지:** 의사소통, 진실, 창의적 표현
- **불안정할 때 감지되는 신호:** 자기검열, 진실 회피, 말하지 못한 감정

'나는 내가 하고 싶은 말을 솔직하게 표현하고 있는가?'
감정을 속에 쌓아두고 참기만 하다 보면 목이 자주 막히고, 호흡이 얕아지고, 결국 말도 감정도 잃는다. (내가 겪은 갑상선 기능 항진증은 이 차크라가 얼마나 오래 닫혀 있었는지를 말해주었다.)

**6차크라** 　 제3의 눈, 아즈나 *Ajna*

- **위치:** 두 눈 사이 이마 중앙
- **색상:** 남색, 인디고
- **연결된 신체:** 시각, 뇌, 호르몬계
- **핵심 에너지:** 직관, 통찰력, 상상력, 명료한 시야
- **불안정할 때 감지되는 신호:** 우유부단, 판단력 저하, 환상 집착

아즈나 차크라는 제3의 눈이 열리는 지점이다.

직관과 통찰은 어떤 특별한 능력이 아니라, 마음을 맑게 비우고 현재를 바라볼 때 자연스럽게 따라온다.

**7 차크라**　　정수리 차크라, 사하스라라 *Sahasrara*

- **위치:** 머리 꼭대기
- **색상:** 보라색 또는 흰색
- **연결된 신체:** 대뇌피질, 신경계
- **핵심 에너지:** 영성과의 연결, 우주적 의식, 깨달음
- **불안정할 때 감지되는 신호:** 목적 상실, 공허감, 의미 없음

정수리 차크라는 더 큰 전체와 연결되어 있다는 감각과 연결된다.

나로서 존재하는 동시에 모두와 연결된 존재라는 깊은 감각이 들 때, 우리는 진정으로 안정되고 평화로운 상태에 이른다.

### 차크라 조화 실천 팁

우리의 에너지는 고요한 습관 속에서 균형을 되찾는다. 차크라를 조화롭게 유지하는 방법은 어렵지 않다. 아래와 같은 작은 실천부터 일상에 천천히 흘려보자.

- **숨에 깃들기:** 하루 중 조용한 틈을 찾아, 들고나는 숨결의 흐름을 고요히 느껴본다.
- **자연에 스며들기:** 맨발로 흙을 밟고, 햇살에 눈을 감고, 바람의 결에 마음을 얹어본다.
- **몸을 여는 움직임:** 요가, 필라테스, 춤, 혹은 느린 스트레칭으로 굳은 에너지를 부드럽게 풀어낸다.
- **느린 식사:** 자연의 색을 담은 채소와 과일을 천천히 씹으며, 맛과 향에 고요히 머물러 본다.

### 나만의 차크라 셀프체크 질문

☐ 나는 요즘 어떤 감정이 자주 올라오는가?
☐ 그 감정을 한 단어로 표현한다면 어떤 말이 떠오를까?
☐ 내 몸의 어디가 가장 자주 뻣뻣하거나 불편한가?
☐ 내가 숨기고 있는 진실이나 감정은 무엇인가?

☐ 나는 요즘 삶의 방향을 명확히 느끼고 있는가?
☐ 나의 관계는 진심과 유대감으로 연결되어 있는가?
☐ 나는 나의 욕망을 수용하고 표현하고 있는가?
☐ 내가 나 자신에게 괜찮다고 말해줄 수 있는가?

질문에 하나씩 답해나가는 과정 자체가 차크라를 정화하고, 내 안의 중심을 다시 세우는 과정이 될 수 있다.

### 마무리하며

차크라는 눈에 보이지 않지만, 가장 본질적인 부분에서 우리의 삶을 구성한다. 어느 한 부분만 강해져도 균형은 무너진다. 명상은 균형의 감각을 회복하는 가장 쉬운 시작이 될 수 있다. 에너지 흐름이 조화롭고 균형을 이룰 때, 우리는 진정으로 살아 있다는 감각을 되찾게 된다. 단순한 영적 탐구를 넘어 더 자연스럽고 생동감 있는 삶을 위한 안내서이자 내면과 현실을 잇는 지혜다.